日本マネジメント学会誌
(旧・日本経営教育学会)

Nippon Academy of Management

経営教育研究

MANAGEMENT DEVELOPMENT

Vol.21 No.1

January 2018

特 集
変革時代のマネジメント ―IoT・AIのインパクト―

日本マネジメント学会

目　次

巻頭言　大変革時代の不易流行—ベンチャースピリットの重要性 ………… 加藤　茂夫　5

特集言　第 75 回全国研究大会を終えて …………………………………… 董　　晶輝　6

特集論文

高度 ICT 時代の戦略的イノベーション経営
　　　—システム理論からのリサーチパースペクティブ— ………………… 児玉　　充　7

経営・商学分野におけるマルチエージェント・シミュレーション ……… 大東　正虎　17

IoT, AI とマネジメントシステム —IoT のビジネスモデル視点— ……… 小嶌　正稔　27

研究論文

経営教育学序説®
　　　—経営者の「主客合一性」と一人称レベルの持論— ………………… 辻村　宏和　37

農外参入企業のマネジメントは優れているか？® ……………………… 木下　幸雄　47

プロフェッショナル・チームにおけるチーム訓練の可能性®
　　　—デンマークのチーム医療訓練を事例にして— ………………… 草野　千秋　57

大会記録
投稿規程
編集後記

MANAGEMENT DEVELOPMENT

VOLUME 21 NUMBER 1 January 2018

Edited by Nippon Academy of Management

6-36, Shinogawamachi, Shinjuku-ku, Tokyo

CONTENTS :

Foreword ·· KATO Shigeo   5

Preface ··· DONG Jing-hui   6

Management in the Era of Transformation: Impact of IoT and AI

Strategic Innovation Management in Advanced ICT Era:
   Research Perspective from a System Theory ······························ KODAMA Mitsuru   7

Multi-agent Simulation for Analyzing Business and Consumer Behavior
   ··· DAITO Masatora   17

Management System Driven by IoT and AI:
   Roles of IoT from a Business Model Perspective ························· KOJIMA Masatoshi   27

Articles

Introduction to Management Education: Personal Theories of
   Managers Cultivated by Their Unification of Object and Subject®
   ·· TSUJIMURA Hirokazu   37

Are Emerging Farming Corporations from Non-agricultural Sector
   Superior in Management to Conventional Farmers?® ···················· KINOSHITA Yukio   47

The Possibility of Team Training for Professional Teams:
   A Case Study of Medical Team Training in Denmark® ····················· KUSANO Chiaki   57

巻 頭 言

大変革時代の不易流行－ベンチャースピリットの重要性

専修大学名誉教授 **加藤 茂夫**

　Made in Japan の製品が世界を席巻した事実はどこに行ったのだろうか？　日本の誇る製品が問題を起こしている。それは企業の浮沈にもかかわる重大事だ。最近だと東芝の粉飾決算，タカタの欠陥エアバック，日産自動車の最終検査過程での無資格検査員，神戸製鋼や東レの品質データ改ざん等々は多くの取引企業に影響を与えたのみならず，国民に失望感が漂っている。それ以上にグローバルなマイナス影響が深刻だ。一個人ではなく組織のカルチャーの問題でもある。

　カールワイクは「世界は変化を状態としており，いかに優れた分析結果でも陳腐化する」と論じ，「普通の組織は失敗だけを切り離して犯人を捜し，過ちから学ぼうとしない傾向が強い。失敗の原因が一個人だけに限定されることはあり得ないことだ。多くの人が関与していても小さな失敗で済む初期段階で発見できれば立ち直るのも比較的容易である」と看破している。そのためには「メンバーが真剣に失敗と向き合い思い切って打ち明けること」，「経営者，リーダーは幅広い経験を積んだ多様な有意義な解釈が可能なゼネラリストであるべきだ」，「組織は多様な解釈を偏見なく受け入れるべきだ」と提言している。トップのリーダーシップが今ほど問われていることはないだろう。自社のカルチャーの特徴は何か，向かうべき方向はどこなのかを経営者自身が今一度問い直すことが必要となろう。

　日本電産の永守重信は一流企業と三流企業の差は「社員の品格の差」だと述べている。それは私なりに解釈すると「リーダーの品格」ではないかと思う。組織的にも品質を保持するルールを順守し，それに加えて革新を起こせるカルチャーを常に創りだすリーダーシップが不可欠だと上記のケースは示唆している。自社のコアな技術・特徴は何かを現場で深耕し，改革を常に志向し，変化を先読みする先見性と実践力が一流かそうでないかを分けるのである。世の中の変化をどのように読み取るか，そしてそれらを自社の製品に組み込むか，ボーダレスの時代といわれて久しいが正にそれが顕在化してきた。その例が自動車産業である。自動運転と EV 化である。大変革の時代に突入した観がある。報道によると 2030 年までに中国市場からガソリン車が消えるという。EV が 20 年に公共バス，25 年にトラックなどの特殊車両，30 年には全自動車だという。政府の後押しもあり中国市場は EV を巡る大市場となる。2003 年に設立された新興企業テスラは EV で先陣を切っているがヨーロッパ，カリフォルニアが規制強化する中で既存の自動車メーカーだけでは技術的に対応できず，さまざまな関連産業とのコラボを必要としている。また，異業種からの参入で驚くことは掃除機で有名なダイソンが 2020 年までに EV 参入を目指し，技術者のスカウト，米国ベンチャー企業の買収をしている。大変化の始まりである。そのためには「全ての従業員は労働者」から「全ての従業員は管理者」「全ての従業員は経営者」の視点が重要となろう。小生は全てのメンバーがベンチャー・スピリット（創造的で進取な心を持ち，リスクに果敢に挑戦する意欲と夢・責任感・倫理観を持つ心の様相）をもって，実践することが大変革にも負けない重要な不易だと考えている。

特集言

第75回全国研究大会を終えて

東洋大学 **董 晶輝**

　第75回全国研究大会は，統一論題「変革時代のマネジメント─IoT・AIのインパクト─」で開催された。IoT・AIといった技術革新が急速に進行するなか，企業の経営環境が劇的に変わろうとしている。このような変革の中で生じるマネジメントの課題を取り上げ，今後のマネジメントのあり方について，実務の方を交えて議論を試みることが統一論題の設定の趣旨であった。技術革新による経営環境の変化は大企業に衝撃とチャンスを与えるだけではなく，スモールビジネスにとっても転機に恵まれることになる。この点については，従来の中小企業観から脱出し新たなスモールビジネスの経営観への展開を研究している東洋大学経営力創成研究センターの協賛を得て，スモールビジネスにおけるIoT・AIの影響についても議論することとなった。

　統一論題セッション1では，児玉充氏（日本大学）による「高度ICT時代の経営戦略─戦略論および組織論からのリサーチパースペクティブ─」，大東正虎氏（岡山商科大学）による「情報技術の発展とシミュレーション─経営分野におけるエージェント・ベース・モデリングの可能性─」，栃原稔氏（株式会社富士通総研）による「ITベンダー，コンサルタントから見たIoT・AIというデジタル化の影響」の3つの報告があった。その後に続くシンポジウムでは，松本芳男氏（中央学院大学）によるコーディネーター報告「IoTとマネジメント」が総合的に問題を提起し，充実な議論が行われた。

　統一論題セッション2（東洋大学経営力創成研究センターセッション）では，小嶌正稔氏による「IoT・AIとマネジメントシステム」，水野雄太氏（株式会社Nextremer）による「最先端技術とオープンイノベーション」の2つの報告があり，続くシンポジウムでは議論を深めた。

　本号の特集では，統一論題セッションで報告された児玉充氏，大東正虎氏，小嶌正稔氏の論文が掲載されているので，議論の内容についてはこれらの論文をご一読いただけると幸いである。今大会の統一論題で取り上げたマネジメントの課題は多面的にわたるもので，まさにこれから進行していくことであり，ここでの議論はほんの入口に立ち寄ったことに過ぎず，今後の研究につなげていくことが出来ればと期待したい。

　特別講演では，丸永庸一氏（アサヒ飲料株式会社監査役）より「飲料事業の戦略」についてご講演があった。自由論題報告では，10本の最新研究成果が報告された。また，韓国経営教育学会より4本の派遣報告があり，これまで最多となった。

　今大会の統一論題に対して多くの参加者から高い関心が寄せられ，充実した大会を開催することができたと考えている。統一論題についてご提案ご議論された大会委員会の皆様，報告者，討論者，コーディネーター，司会者の皆様，大会の運営にご協力をいただいたすべての方々に感謝を申し上げる次第である。

特集論文

高度 ICT 時代の戦略的イノベーション経営
──システム理論からのリサーチパースペクティブ──

日本大学　**児玉　充**

┌─ ♪ キーワード ─────────────────────────────┐
│ 戦略的イノベーション　　Dynamic Capabilities　　**Strategic Innovation Capabilities**
│ **Capabilities Map**　　システム論　　Autopoiesis　　**Complex Adaptive System**
└──────────────────────────────────────┘

1　戦略的イノベーションの実践 ─Radical Innovation および Incremental Innovation の両立

　近年における IoT・AI・ビッグデータ・ロボットといった高度 ICT は従来のインターネット技術を更に進化させている。このような技術革新は産業構造や就業構造を劇的に変化させる可能性を秘めており，従来の大量生産で画一的なサービスから，個々のユーザニーズに合わせたカスタマイズ製品の提供やリアルタイムでのデータ共有によるサプライチェーン全体の効率性と生産性の飛躍的向上を可能とする。今後，このような高度 ICT は全ての産業における技術革新のための共通のプラットフォーム（基盤技術）となり，様々な異なる分野におけるコア技術やビジネスモデルと結びつくことで新たな市場を生み出していく。従って，高度 ICT と異なる専門分野間での技術融合は，経営学分野において重要な研究課題（e.g., Kodama, 2014）でもあり，全く新たな市場を創造するという radical innovation（以下，RI）を生み出す大きな要素ともなる。

　このような高度 ICT の影響という環境変化に適応していくためには，企業は自社のコア・コンピタンスを継続的に磨き，主力事業を強化（incremental innovation：以下，II）すると同時に，新たな環境（市場）創造（RI）に向けた事業開発を推進する必要がある。これら incremental と radical という 2 つのイノベーションは，前者は企業の既存事業（主力事業）の知識の効率性を追求し，後者は企業の未来の事業開拓という知識の創造性を追究していく。しかし企業はこれら相異なる 2 つのイノベーションを同時にマネージし，企業戦略の中核に組み込んでいく必要がある。これら相異なる 2 種類のイノベーションプロセスを同時に実行し両立させていく「戦略的イノベーション（Strategic Innovation：以下，SI）」を実践していくことは，独自性の高い新たな戦略的ポジションを追究し開拓していくことでもあり，持続的競争優位を達成していくことにも帰着する優れた企業戦略となる（e.g., Markides, 1999）。

　本稿では大企業が，RI の創造のみならず，この背景にある II の進化も同時に射程に組み込んだ SI を生み出すべくフレームワークを提示する。大企業における SI は企業システムを構成する各サブシステム間の複雑な相互作用によりその結果に大きな影響を与える。従って「戦略的イノベーションシステム（Strategic Innovation System: 以下，SIS）」を企業システムとして捉え，SI に影響を与える個々のサブシステムを特定し，これらの特質とサブシステム間での関係性を深く分析する必要がある。システム理論（e.g., von Bertalanffy, 1968）は上記の視点を包括的に取り扱うことが可能である。

本稿のもう一つの目的は，高度 ICT による企業経営へのインパクトに対して，いかにして企業が SI を実現する能力を進化させることができるかという問題について，システム理論と近年の Dynamic Capabilities（以下，DC）の最新の成果を活用して理解を深めることにある。企業は強力な意思を持つ推進者への単なる依存ではなく，知識資産を有効に活用し，組織の新陳代謝と健全性のために必要な持続的な SI のマネジメントシステムの要素を特定することが本稿の主眼となる。

本稿の構成は以下のとおりである。第 1 に SI の意味づけを能力論の視点から説明し，「Capabilities Map（以下，CM）」と「Strategic Innovation Capabilities（以下，SIC）」の概念に関して提示する。第 2 に企業システムに関してシステム論の文脈から説明する。特に，大企業における SI は企業システムを構成する各サブシステム間の相互作用によりその結果に大きな影響を与える。従って，SI に影響を与える個々のサブシステムを特定し，これらの特質とサブシステム間でのダイナミックな関係性について考察する。第 3 に SIS のフレームワークとシステム論からの幾つかの新たな洞察を提示する。最後に結論と今後の研究課題を述べる。

2　SI を駆動するダイナミックな組織能力

高度 ICT と異なる専門分野間での技術融合という外部環境の変化を実務家たちが知覚・認知し，内部知識と外部知識のダイナミックな知識統合が企業境界のダイナミックな構築を促進する（e.g.,Kodama, 2009, 2015）。このために必要となる組織能力が前述した SI を推進するドライバーでもあり，著者はこれを SIC（児玉，2009, 2017; Kodama, 2011, 2017b, 2018）と呼ぶ。SIC は筆者のフィールド研究（e.g., Kodama, 2011, 2014）から，DC と Ordinary Capabilities（以下，OC）とのダイナミックな統合特性を有する。筆者は企業が持続的成長に向けて，SI（RI & II）の実現に必要な SIC の要素として，4 つのドメイン（Domain I～IV）から構成される CM を提示し，さらに，これら個々の特質（および関連性）と全体的（包括的）要素に関わる 4 つの能力を包括する SIC の概念を提示した（**図表 1** 参照）。

優れた企業は，活用活動（exploitation）による II と探索活動（exploration）による RI の両立的な実現に向けて，**図表 1** のフレームワークは企業が CM 上で DC と OC を巧みに使い分けたり，かつ両立させつつ，これら相異なる DC と OC を時間軸にてダイナミックかつスパイラルに実行していく重要性を指摘している。つまり，企業は DC と OC の機能を同時（Both/And）に持ち合わせていなければならない。一方で，米国を中心とした先行研究において，DC は絶えず進化を続けている。研究者によって分析の単位が異なるだけでなく，DC を発展させるための学習が行われるメカニズムについても，研究者によって見解が異なる（e.g., Zollo and Winter, 2002; Eisenhardt and Martin, 2000; McGrath, 2001; Amburgey, Kelly, and Barnett, 1993; King and Tucci, 2002）。現時点，DC の提唱者である Teece（2014, 2007）は DC と OC の機能と役割を明確に区別しているものの，これら 2 つのケイパビリティの統合の必要性については言及していない。このような統合化（DC & OC）されたケイパビリティが SIC にある（**図表 1** 参照）。

3　システム理論とイノベーションシステム ──本研究と先行研究との相違

O'Connor（2008）は，どうすれば企業が（RI の解釈に一部修正を加えた）「major innovation（以下，

図表1 Strategic Innovation System (SIS)

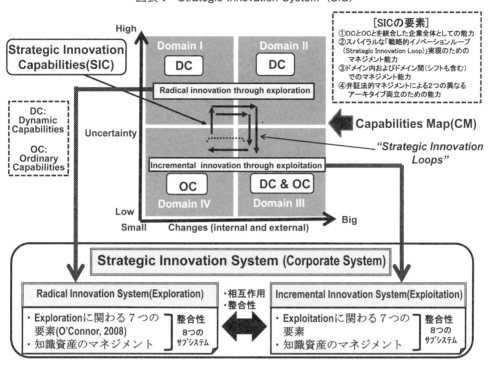

MI)」を実現する能力を進化させることができるかという問題について，システム理論とDCを活用して独自のフレームワークを提示した。このようなアプローチは，前述したSISの特定の要素とこれら要素間の関係，さらに，SISと環境との関係性の考察に有用である。O'Connor（2008）はMI Dynamic Capabilities（以下，MI-DC）を構築するためのフレームワークとして，MIを育むプロセス主体のアプローチではなく，MI（major innovation）システムを形成する7つのサブシステムの要素を特定した。

しかし，MIシステムのフレームワークには幾つかの改善点が散見される。1点目の改善点として，MI（RIに相当）の源泉が変革経験（King and Tucci, 2002）にあるとし，業務ルーチンや体系化可能なプロセスは役に立たないという点にある。むしろ，状況に特有の知識を開発し，保護インフラによってサポートされる転換型のルーチン業務が必要であることをO'Connor（2008）は提言している。一方で，Zollo and Winter（2002）は経験の蓄積は全てのDCの基本的構成要素であるとも説明しており，筆者は経験の蓄積に対して新たな知識の融合がRIを生み出す源泉であることを幾つかの事例研究で示してきた（e.g., Kodama, 2011, 2014）。このような視点と先行研究の対比から考察すると，O'Connor（2008）のこのような仮説・命題には幾つかの反例が存在する（Kodama, 2018）。

図表1のSIのコンセプトは，Domain IIIやDomain IVというIIによる経験の蓄積から新たな知識の触発と獲得を通じて，RI（MI）を生み出すものである。IIの実践を通じた経験の蓄積は全てのDCの基本的構成要素であるにもかかわらず（Zollo and Winter, 2002），O'Connor（2008）はこのような経験の蓄積を十分に考慮していない。著者らは新たな能力（知識）が組織に組み込まれるメカニズムについて，「Boundaries Vision（境界視野）」（Kodama, 2011, 2014）という概念を提示し，Apple，NTTドコモ，富士フイルムなどの事例研究（Kodama, 2014）から，現在の能力（知識）を活用・進化させつつ，新たな能力（知

識）を獲得し，多様な境界を横断したイノベーション（Boundaries Innovation）の可能性を提示した。

境界視野の獲得は，知識の多様性を増大させ，図表1のCM上におけるDomain III and/or Domain IV → Domain Iへのシフトを誘発することになる。Cohen and Levinthal（1990）によると，外部の知識を評価し，利用する能力は，それ以前に培われた関連知識のレベルによってほぼ決まるとされ，実務家にとって境界視野の発揮により多様性を増すことが重要となる。従って，SIはIIとRIの両プロセスの両立を考慮するものであり，持続的なRI（MI）を生み出していくためにはO'Connor（2008）による先の「7つのサブシステム」の改善が必要であることを示唆している。

つまり，企業の持続的な成長のためにはradical innovation system（以下，RIS）（MI systemに相当：以下，MIS）だけでなく，incremental innovation system（以下，IIS）も同時に考慮することが重要であり（これら2つのシステムとの相互作用と整合性も含め），これら2つのシステムはSISのサブシステムとなる（図表1参照）。またこのSISは企業の持続的成長を保障する「企業システム」そのものでもある。

2点目の改善点として，O'Connor（2008）によるMISを構成する7つのサブシステムの要素は，RISとIISにおいて必要な要素であるものの，しかしながら，MISの7つの要素には，資源としての「知識資産のマネジメント」に関わる要素が見過ごされている。この知識資産のマネジメントの要素は，他の7つのサブシステムの要素と深く相互作用の関係性がある。従って，本稿では知識資産のマネジメントをRISとIISにおいて必要なサブシステムであると判断する（図表1参照）。

3点目の改善点として，MIS（RIS）は他のマネジメントシステム（IIS）とを統合した全体システム（つまり，SISさらには企業の持続的成長を保障する企業システム）としての特性について深く言及していない。つまり，RI（MI）を持続的に生み出し，企業活動の長期的成長に関する文脈に関しては考慮されていない，本稿では，全体システムとしてのSISの特長を重視する。具体的には持続的成長を保障する企業システムであるSISは「Complex Adaptive System（以下，CAS）」と「オートポイエーシス（Autopoiesis）」の特徴を有するという新たな視点にある（図表2参照）。

4点目の改善点として，O'Connor（2008）はオープンシステムであるMISと環境との相互作用に関しては言及していない。本稿では，オープンシステムであるSIS（さらにはサブシステムであるRIS & IIS）は環境との相互作用を通じて，持続的成長に向けた「環境適応戦略」と「環境創造戦略」というダイナミックな戦略形成プロセス（e.g., Kodama, 2014, 2015）を実行していくことを提示する（図表2参照）。

4　戦略的イノベーションシステム（SIC）のフレームワーク

前項のシステム理論と先行研究の議論から，SICのフレームワークを概説する。

4.1　RISとIISにおける「知識資産のマネジメント」

RISとIISは図表1のCMにおけるRIとIIを持続的に駆動させるためのSICさらには「strategic innovation loop」のためのサブシステムとなる。O'Connor（2008）が提示したMIS（RIS）を構成する7つのサブシステム（IISへの適応も考慮し，筆者が表現を修正）（①特定可能な組織構造 – 新組織と主力組織，②新組織と主力組織との相互作用，③探索的プロセスと活用的プロセス，④必須のスキルと能力開発，⑤各レベルにおける管理と意思決定のメカニズム，⑥適切な業績測定，⑦適切な文化，リーダーシップ）は，RIS（新

高度 ICT 時代の戦略的イノベーション経営　11

図表2　「トライアド・システム」と SIS

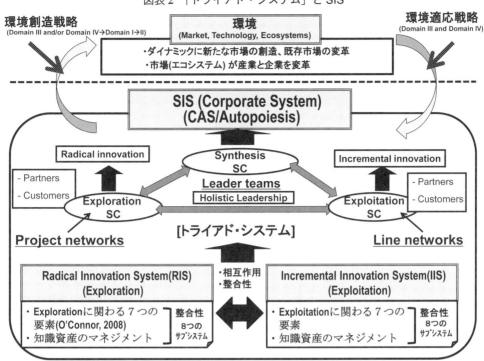

組織）のみならず IIS（主力組織）にも必要な要素となる。ここでは前述した本稿における新たなサブシステムの要素である「⑧知識資産のマネジメント」の重要性を指摘する。

「⑧知識資産のマネジメント」は O'Connor（2008）がサブシステムの要素として指摘しなかった点である。持続的に成長する SI 企業であり続ける条件は、巧みな知の創造と活用による「創造性と効率性の両立」（e.g., Kodama, 2003, 2004, 2011, 2014）に本質がある。「探索」とは未来創造に向けた「環境創造戦略」（図表1の CM 上での Domain III and/or Domain IV-→ Domain I → II）であり、一方、「活用」とは環境に適応して既存知識のリファインにより改良・改善を促進する「環境適応戦略」（図表1の CM 上での Domain III および Domain IV）と解釈できる（e.g., Kodama, 2015）。このような矛盾した戦略の命題に対して、オープンシステムとしての企業は知の創造と活用というダイナミックな両立を可能にしていくために、環境との相互作用を通じて多様な知識を綜合し、知識の質を高めていくための SIC の獲得が重要となる（図表2参照）。

以上の8つの要素を、単に列挙するだけでなく、RIS と IIS それぞれがこれら8つの要素からなる一つのシステムを構成することを証明するには、以下の4つの要件が満足されなければならない（von Bertalanffy, 1968）。

（1）システムが特定可能で、システムの要素がそれぞれ独立していること。
（2）部分の合計よりも全体の作用の方が大きいこと。
（3）より大きな組織との相互作用とネットワーク化により、恒常性が達成されること。
（4）自身（サブシステム）が組み込まれた、より大規模なシステムにおいて、自身（サブシステム）の明確な役割があること。

上記の8つの要素はそれぞれが独立しており、かつ、それぞれの要素間での「整合性（congruence）」

が必要となる。さらに上位のシステム群である RIS と IIS もそれぞれが独立していると同時に相互の整合性も重要となる。SIC による SIS を実現するには，上記の 8 要素ならびに SIS を構成する RIS と IIS すべてが必要かつ十分条件であり，要素のどれか一つでも欠けていれば，持続的な SI は実現できない。

　さらに上記項目 (2) の「部分の合計よりも全体の方が大きい」という命題は，企業が部分システムである RIS と IIS をいかに統合し，（より大きな）全体システムである SIS を生み出していくのかという点にあり，これに関しては，4.2 項の「CAS としての SIS」と 4.4 項の「システムの階層化とトライア・システム」において説明する。

4.2　CAS としての SIS

　企業システム (SIS) としての CAS (e.g., Stacey, 1995) は，SIC の発揮を通じて，秩序と無秩序，安定と混沌の境界を意味するカオスの縁に向かって進化し，カオスの縁付近で環境に適応していく。CAS としての特質を有する企業は，RI（一定の秩序の下で，カオス的要素の存在：半構造化システム）と II（強い秩序的要素の存在：構造化システム）の両立（どちらか一方に偏らない）(e.g., Kodama, 2003) という複雑な組織行動の実現を可能とする。カオスの縁にとどまっていれば，結果として選択肢の幅が広がり，正しい戦略的オプションを見抜くことができる。SIC の発揮は多様なパラドックスを綜合し，最も優れた方法で目標とする持続的な SI を実現していく。SIC を生み出す SIS は，CAS として，人や組織の「創造性と効率性の両立」を促進し，SI を実現していくトリガーともなる。

4.3　Autopoiesis としての SIS

　企業システムというオープンシステムは，autopoiesis (Maturana and Varela, 1980) により絶えず自らの要素を転換することにより，自身の再生を試み存続を図る。このような再帰的プロセスは**図表 1** の CM 上で，strategic innovation loop を形成していく。持続的成長を実現する優れた企業は SIC を発揮し，Domain III and/or Domain IV → Domain I → Domain II という新たな RI の実行に向けて，能力の更新さらには戦略形成プロセスの再構築を図っていく。

　このような autopoiesis や Luman (1984) の社会システム論の視点から考えると，持続可能な SI を生み出すための企業システム (SIS) の特徴の一つが，再帰的プロセスでもあり，新たな RI の創出という不均衡に向けた企業システムの変革そのものである。autopoiesis では，時間軸上での多様なイベント（例えば，企業活動におけるコミュニケーションやコラボレーションなどの組織活動）がシステムの要素だと解釈すると，CM でのサブシステムである各ドメインは明確な境界を有し，これらが時間軸上で固有の能力が生産・再生産される。このような CM 上での再帰的な各ドメイン間シフトは，autopoiesis そのものである。

　持続的成長を実現する企業においては，自らの再生・更新に向けて，能力のフィードバックループが形成されている。各企業は Domain III and/or Domain IV → Domain I → Domain II という新たな RI の実現に向けて，多様な知識資産の統合（知識変革）という行為を通じて，SIC を継続的に発揮していく。strategic innovation loop そのものが autopoiesis を表現している（**図表 2** 参照）。

高度 ICT 時代の戦略的イノベーション経営　　13

4.4　システムの階層化と「トライアド・システム」

　Simon（1996）の近似的分解性によるシステムの階層性は時空間レベルで静態的であり，ダイナミクスの要素が欠如している。つまり，近似的分解性によるシステムの階層性のみでは持続的に SI を生み出す企業システムであるダイナミックな SI（さらには SIC）を説明することはできない。ダイナミックな SIS はオープンシステムとして環境とのダイナミックな相互作用を通じて，企業システム内外の多様な知識を吸収・統合・再構築しながら RI と II を実現していく。

　筆者は 8 つの部分システムの各要素を相互に結びつけ，「③探索的プロセスと活用的プロセス」を駆動させるダイナミックな上位システムの存在を新たに提案する。この上位システムは RIS と IIS の上位に位置づけられ，SIS を生み出す機能を有する（図表 2 参照）。このような上位システムは環境変化に対応してダイナミックな時空間の中で構築・再構築され，下位システムである RIS と IIS および自身の上位システムである SIS に影響を与えていく。中島（2009）及び Nakajima（2004）はダイナミックに進化する生命体における「通時的階層（diachronic）」の存在を指摘している。このような「通時的階層」に位置づけられるシステムを「トライアド・システム」と本稿では命名する。

(1)　RIS と IIS とを統合する「トライアド・システム」

　著者のこれまでの複数の事例研究から，SIS として SIC を生み出していく組織的な特徴として，既存事業の発展という II を担う既存の「ライン組織（line organization）」と新たな技術開発や新事業開発の実現という RI を担う機動的な「プロジェクト組織（project organizations）」（e.g., Kodama, 2007）との綜合（synthesis）にあることを提示した（図表 2 参照）。プロジェクト組織は企業内外を横断して，主に DC を発揮し，R&D やサービス企画・新事業開発業務を専担し，他の業務に関しては社内のライン組織が OC を発揮する。

　これら 2 種類の組織（「プロジェクト組織」vs.「ライン組織」）や「場」の形成を基礎とした SC の重層的ネットワーク（「project networks（Exploration の SC）」vs.「line networks（Exploitation の SC）」）は，一方は創造性や自律性に向けた実践を，他方は効率性や統制性に向けた実践という矛盾的要素を有し，常に両組織間での綱引きやコンフリクトというパラドックスが生じる（e.g., Schad, Lewis, Raisch and Smith, 2016）。このような要素が各組織における知識を綜合化する上での阻害要因となる。なぜならライン組織とプロジェクト組織では，図表 2 における 8 つのサブシステムの要素において，多くの点が異なるからである。しかし弁証法的対話（Kodama, 2004）を通じた創造的摩擦（Leonard-Barton, 1995）や生産的軋轢（Hagel III and Brown, 2005）により矛盾がアウフヘーベンされる。この綜合化を促進するのが「Synthesis の SC」である「リーダーチーム（Leader Teams）」である（図表 2 参照）。

　リーダーチームは，各マネジメントレベルでプロジェクト組織とライン組織を横断して構成される。リーダーチームは Exploration の SC や Exploitation の SC が有するクロスファンクションあるいは組織間・企業間統合の特性をより強力なものとし，R&D や新ビジネス開発の商用化を促進する役割がある。そのためにはリーダーチーム内の各リーダーたちは，「holistic leadership」（Kodama, 2017a）の要素が要求される。経営幹部を含む各マネジメントレベルのリーダーたちのコラボレーションによる「holistic leadership」のシナジーが弁証法的対話を促進し，厳選された創発的戦略やアントレプレナー戦略に対して緻密な計画的戦略を推進していく。SC の重層的ネットワークである Exploration の SC，

Exploitation の SC そして Synthesis の SC という「トライアド・システム」は，環境との相互作用を通じて時間軸上でダイナミックに構築・再構築され，知識と戦略の綜合が実現される（Kodama, 2014）（図表 2 参照）。

(2)「場（Ba）」のトライアドモデル

このようなトライアド・システムという「場」の形成を基礎にした SC の重層的ネットワーク（e.g., Kodama, 2005, 2009）の存在は次に述べる「場のトライアドモデル」の存在に起因している。Nonaka, et al.（2014）は優れた企業・組織における場のトライアドモデルの存在を，トヨタ，富士フイルム，アップルの事例研究から提示している。

Nonaka, et al.（2014）において着目される点は，RI という知の創造性のための exploration を推進する「場」（exploration Ba）が，暗黙知の創造・共有と形式知化のプロセスを担い，一方で，商品化を具現化したり，継続的な改良・改善という知の効率性のための exploitation を推進する「場」（exploitation Ba）が，形式知の創造と個人の経験を通した内省化のプロセスを担う。暗黙知と形式知は連続しており，両者は第 3 の知である「practical knowledge（phronesis）」によりスパイラルに綜合されていく。このスパイラルなプロセスを推進し，同時に知の創造・蓄積を実現していくのが「synthesis Ba」にある。「exploration & exploitation」（March, 1991）の同時追求に向けて，異なる戦略や組織の特徴を同時にマネージしていく「holistic leadership」の源泉となる要素には「phronesis（practical wisdom）」の存在が背景にある（Kodama, 2017a）。

4.2 項で言及した CAS としての SIS の実現には，RIS と IIS との間で生じる多様な矛盾を両立させ，企業システムとしての SIC を生み出していく「トライアド・システム」の存在がキーとなる。さらにこのような「トライアド・システム」の存在は「部分の合計よりも全体の方が大きい」という命題にもつながる。

5 結論と今後の研究課題

大企業の多くは，SIC を発揮し持続的な SI に必ずしも成功していないのが現状である。SI の実現が困難な理由の一つが，RI と II さらには SIC というプロセスが独立した要素から成る複雑なシステムであることが実務的にも十分に理解されていないからにある。従って，学術研究の視点からは，企業が SIC を組織に体系的に組み込む方法についての理解を深めるためのアプローチが必要であり，このためには研究者にとって，複雑な SI をシステム理論のレンズを通して分析することの意義は大きい。

本稿では SIS を構成するサブシステムであり，それぞれ 8 つの要素を有する RIS と IIS そしてこれらをダイナミックに綜合するトライアド・システムのフレームワーク，さらには持続的な SI を実現する CAS と autopoiesis という洞察を提供した。本稿での主張は，企業内で SIC を実現するには，本稿で列挙したサブシステムの要素全てが必要十分条件であり，要素のどれか一つでも欠けていれば，偶然の力か，例外的な特殊能力を有する個人数名の力が存在しない限り，企業システムとして SI は実現できないという観点に立っている。もしこれが真実でないとすれば，本稿における企業システムの要素が正しく規定されていないことになる。したがって，この仮説を詳細に検証すると同時に，マクロ及びミクロ

レベルでのシステム間（特に戦略と組織）の最適化を実現するシステムプラットフォームが本稿で提示した「トライアド・システム」であることを検証していくことが今後の研究課題となる。

〈参考文献〉

児玉充（2009）「大企業の戦略的イノベーション：NTT の戦略転換からのレッスン（〈特集〉戦略転換の諸相）」『研究技術計画』Vol.24, No.1, pp.35–53。

児玉充（2017）「ICT 革新と企業戦略（〈特集〉ICT 産業におけるビジネスモデルの変革）」『研究技術計画』Vol.32, No.2, pp.161–175。

中島敏幸（2009）「生命の階層システムにおける上向および下向決定性：適応進化を捉え直す（〈特集〉自然の階層）」『科学基礎論研究』Vol.36, No.2, pp.67–76。

Amburgey, T.L., Kelly, D. and W.P. Barnett（1993）"Resetting the Clock: The Dynamics of Organizational Change and Failure," *Administrative Science Quarterly*, Vol.38, No.1, pp.51–73.

Cohen, W.M. and D.A. Levinthal（1990）"Absorptive Capacity: A New Perspective on Learning and Innovation," *Administrative Science Quarterly*, Vol.35, No.2, pp.128–152.

Eisenhardt, K.M. and J.A. Martin（2000）"Dynamic Capabilities: What Are They?," *Strategic Management Journal*, Vol.21, No.10–11, pp.1105–1121

Hagel III, J. and J.S. Brown（2005）"Productive Friction," *Harvard Business Review*, Vol.83, No.2, pp.139–145.

King, A. and C.L. Tucci（2002）"Incumbent Entry into New Market Niches: The Role of Experience and Managerial Choice in the Creation of Dynamic Capabilities," *Management Science*, Vol.48, No.2, pp.171–187.

Kodama, M.（2003）"Strategic Innovation in Traditional Big Business," *Organization Studies*, Vol.24, No.2, pp.235–68.

Kodama, M.（2004）"Strategic Community-Based Theory of Firms," *Systems Research and Behavioral Science*, Vol.21, No.6, pp.603–34.

Kodama, M.（2005）"Knowledge Creation through Networked Strategic Communities: Case Studies in New Product Development," *Long Range Planning*, Vol.38, No.1, pp.27–49.

Kodama, M.（2007）*Project-Based Organization In The Knowledge-Based Society*, Imperial College Press, UK.

Kodama, M.（2009）"Boundaries Innovation and Knowledge Integration in the Japanese Firm," *Long Range Planning*, Vol.42, No.4, pp.463–494.

Kodama, M.（2011）*Knowledge Integration Dynamics—Developing Strategic Innovation Capability*. SI: World Scientific Publishing.

Kodama, M.（2014）*Winning Through Boundaries Innovation—Communities of Boundaries Generate Convergence*, U.K.: Peter Lang.

Kodama, M.（ed.）（2015）*Collaborative Innovation: Developing Health Support Ecosystems*（Vol.39）, UK: Routledge.

Kodama, M.（2017a）*Developing Holistic Leadership: A Source of Business Innovation*. U.K.: Emerald Publishing.

Kodama, M.（2017b）Developing strategic innovation in large corporation—The dynamic capability view of the firm. *Knowledge and Process Management*, Vol.24, No.4, pp.221–246.

Kodama, M.（2018）*Sustainable Growth Through Strategic Innovation—Developing Congruence In Capabilities*. U.K.: Edward Elgar Publishing.

Leonard-Barton, D.（1995）*Wellsprings of Knowledge: Building and Sustaining the Sources of Innovation*. Boston, MA: Harvard Business School Press.

Luhmann, N.（1984）*Social Systems*（John Bednarz Jr and Dirk Baeker, Trans.）.

Markides, C.（1999）"A Dynamic View of Strategy," *Sloan Management Review*, Vol.40, No.3, pp.55–63.

Maturana, H.R. and F.J. Varela（1980）*Autopoiesis and cognition: The realization of the living. Dordrecht: Reidel.*

March, J.（1991）"Exploration and Exploitation in Organizational Learning," *Organization Science*, Vol.2, No.1, pp.71–87.

McGrath, R.G. (2001) "Exploratory Learning, Innovative Capacity, and Managerial Oversight," *Academy of Management Journal*, Vol.44, No.2, pp.118–131.

Nakajima, T. (2004) "Synchronic and diachronic hierarchies of living systems," *International Journal of General Systems*, Vol.33, No.5, pp.505–526.

Nonaka, I., Kodama, M., Hirose, A. and K. Kohlbacher (2014) "Dynamic Fractal Organizations for Promoting Knowledge-based Transformation," *European Management Journal*, Vol.32, No.1, pp.137–146.

O'Connor, G. (2008) "Major Innovation as a Dynamic Capability: A Systems Approach," *Journal of Product Innovation Management*, Vol.25, No.2, pp.313–330.

Schad, J., Lewis, M.W., Raisch, S. and W.K. Smith (2016) "Paradox research in management science: Looking back to move forward," *Academy of Management Annals*, Vol.10, No.1, pp.5–64.

Simon, H.A. (1996) *The sciences of the artificial*, US: MIT press.

Stacey, R.D. (1995) "The Science of Complexity: An Alternative Perspective for Strategic Change Processes," *Strategic Management Journal*, Vol.16, No.6, pp.477–495.

Teece, D.J. (2014) "The foundations of enterprise performance: Dynamic and ordinary capabilities in an (economic) theory of firms," *The Academy of Management Perspectives*, Vo.28, No.4, pp.328–352.

Teece, D.J. (2007) "Explicating dynamic capabilities: the nature and microfoundations of (sustainable) enterprise performance," *Strategic Management Journal*, Vol.28, No.12, pp.1319–1350.

Von Bertalanffy, L. (1968) *General Systems Theory*, New York: Braziller.

Zollo, M. and S.G. Winter (2002) "Deliberate Learning and the Evolution of Dynamic Capabilities," *Organization Science*, Vol.13, No.3, pp.339–351.

Strategic Innovation Management in Advanced ICT Era: Research Perspective from a System Theory

Nihon University

ABSTRACT   KODAMA Mitsuru

This paper provides a new framework and insights from a system theoretical lens with respect to the impact of advanced ICT on corporate management and the issue of how large companies can develop their ability to realize strategic innovation by leveraging the theory of innovation and the capability theory.

In this paper, the author identifies subsystems that make up the enterprise system for generating sustainable strategic innovation in large companies and clarifies the interaction between these subsystems. Furthermore, from the findings of the system theory, such as autopoiesis and complex adaptive systems, the author presents a new proposition for constructing a strategic innovation system that guarantees sustainable growth of companies.

特集論文

経営・商学分野における
マルチエージェント・シミュレーション

岡山商科大学　大東　正虎

キーワード

マルチエージェント　　相互作用　　社会的ネットワーク形成モデル
地下街歩行モデル

1　はじめに

　人工知能 (AI) が経営に用いられるようになり（たとえば，需要を予測したタクシー配車システム），実用性が増したことで AI は社会に大きなインパクトを与えている。AI は，企業経営だけではなく，自然や社会現象の解明にも活用される。本稿では，社会科学におけるシミュレーションにおいて，AI に位置づけられるマルチエージェント・シミュレーション（以降 MAS と表記）の概要を説明し，MAS の経営・商学分野における活用について，社会的ネットワーク形成モデルと地下街歩行モデルを用いて述べる。また，各モデルの概要と結果を示した後，経営・商学分野への応用可能性について述べる。最後に，MAS が実践的な研究にどのように役立てられるのかを提言する。

2　社会科学におけるシミュレーションと MAS

　AI の始まりは，1943 年の McCulloch and Pitts (1943) による研究といわれており (Russell and Norvig, 1995 : 16)，以来，推論や判断などを人工的な知能によって可能にするための研究が進められてきている。Gilbert and Troitzsch (2005) による社会科学におけるシミュレーションの体系（**図表 1**）では，MAS は人工知能に分類される。2000 年以降は，社会科学の研究者による MAS の利用が積極的になされており（寺野・出口, 2002），経営・商学分野を対象とした研究も多い。

　MAS による分析アプローチは，社会科学において行われてきた従来のアプローチとは異なるであろう。社会科学の研究手法のひとつとして，たとえば，マクロ現象から，個々の振る舞いを特定するために，階層的に分類し，物事全体を理解しようとするアプローチがある。そのアプローチは確かに社会の仕組みを理解するのに役立つが，それらを組み立てて個々に実行した時に同様のマクロ現象が再現できるかどうかは，わからないことが多い。それは，個人の持つ個性や他者との関わり（相互作用）がマクロ現象に大きな影響を及ぼすからである。また，マクロ現象を再現するために現実世界で実験することは困難であるため，確認することがほとんどできなかった。一方で，コンピュータの性能は年々向上し，コンピュータの中に人工社会を作り（山影・服部, 2002），人や物などの代わりをするエージェントを使って，大規模な実験を行うことが可能となってきている。これらの実験は MAS を使うことで実現できる。

MASによる分析アプローチは，エージェントの振る舞いから，マクロ現象を考察することが可能となる。このアプローチはさらに，経営学で用いられてきたガウシアン統計（平均に基づく考え方）では，説明できなかった事象も分析できるかもしれない（入山，2012）。

MASで用いられるエージェントについて，一般的に合意された定義は無いが，自己完結型のプログラムを表現するために「エージェント」という用語が用いられる（Gilbert and Troitzsch, 2005: 172）。また，エージェントの持つ性質について，Wooldridge and Jennings (1995) は，以下のようにまとめている[1]。

- 自律性：エージェントは人やその他のものが直接介入しなくても動作し，行動や内部状態を何からの形で制御する。
- 社会的能力：エージェントは他のエージェントとある種の「言語」（自然言語ではなくコンピュータ言語）を介して対話することができる。
- 反応性：エージェントは，自分の環境（それは，現実世界，電子ネットワークの仮想世界，他のエージェントが含まれた疑似世界であるかもしれない）を認識して反応することができる。
- 積極性：またエージェントは，単に環境に反応するだけではなく，イニシアチブを握ることによって，目的に沿った行動を取ることもできる。

Gilbert and Troitzsch (2005) の体系（図表1）では，MASに分類されないが，非常に近いシミュレーション（セル・オートマトン）によって，社会科学に大きなインパクトを与えた研究としてSchelling(1971) による分居モデルがある。Schelling (1971) は，米国の都市で観察された人種による分居を説明するモデルを提案した。この分居モデルは，都市部において明確に区別ができる2種類の集団の構成員が存在し，その社会の中で移住することを前提としている。パラメータの設定によるが，基本的には，自分の住居の近隣に同種の人がいる割合が高ければ満足して定住するが，そうでないときは，他の空いている場所へ移住するというモデルである。個々の住民は近隣を確認しながら，移住，定住を繰り返し，最終的に全員が定住した地点でシミュレーションが終了する。分居モデルでは，人口密度や集団の割合，許容閾値を変えながら，分居の度合いを観察することができる。このように，個々の行動がもたらした結果（マクロの現象）を検討することができる[2]。分居モデルの優れた点は，1都市の現象を説明するだけでなく，他の都市に当てはめても同様の説明をすることができることである。発展性のあるモデルであることから現在でも応用して用いられる。セル・オートマトンはチェスのようなマス目を利用してシミュ

図表1　社会科学シミュレーションの歴史的発展

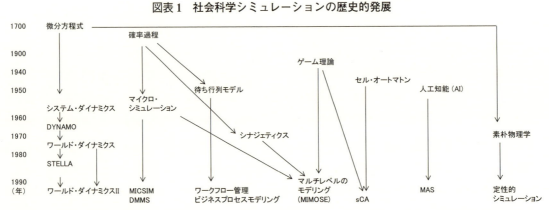

（出所）Gilbert and Troitzsch (2005) p.7 に基づいて著者が翻訳・作図

レーションを行うが，MAS は必ずしもマス目に依存しない。

　本稿では，まず MAS の経営分野における利用を検討するために，社会的ネットワーク形成モデル（大東・小嶋，2011; Kojima and Daito, 2011; Daito and Kojima, 2011; Daito and Kojima, 2013）を用いて発展の可能性について述べる。社会的ネットワーク形成モデルにおけるエージェントは，独自で判断する自律性，他のエージェントと相互にやり取りをする社会的能力，自己の環境を認識する反応性を有している。次に，商学分野における利用を検討するために，地下街歩行モデル（Daito, 2013）を用いて発展の可能性について述べる。地下街歩行モデルにおけるエージェントは，独自で判断する自律性，自己の環境を認識する反応性を有している。

3 経営分野におけるマルチエージェント・シミュレーション

3.1 社会的ネットワーク形成モデルの経営分野への適応可能性

　社会的ネットワークは，主に友人同士，企業間，空港間などの主体（エージェント）間において形成される。たとえば空港の場合，航空機の路線や往来頻度を図示することで，航空ネットワークの全体像を捉えることができる。もし，ある路線が追加あるいは廃止されたときに，他の空港間のネットワークがどの程度影響を受けるのか，またその影響が他のネットワークにどの程度連鎖していくのかを考察することは困難である。そこで，Daito and Kojima（2013）は，主体間のネットワークはどのような安定的形状を形成するのかを分析するために，Jackson and Wolinsky（1996）のコネクションモデルを援用し，極めて単純な社会的ネットワーク形成モデルを作成した。社会的ネットワーク形成モデルは，エージェント同士が利得に応じてリンクを，① 繋ぐ，② 切る，③ 維持する，を判断するものである。

　エージェントの集合は，$N = \{1, 2, \ldots, n\}$ と定義される。ネットワークは g と定義される。全てのエージェントの i と j について，g 上で j と i が直接リンクされているときは，$ij \in g$，そうでない場合は，$ij / \in g$ と示す。エージェントの利得関数は，$u_i(g)$ と示す。$u_i(g)$ は，エージェント i が g 全体から受け取る総利得である。エージェント i の利得は，Jackson and Wolinsky（1996）のコネクションモデルに倣って利得を明らかにするため，

$$u_i(g) = \sum_{j \neq i} \sigma^{s(ij)} - d_i(g)c$$

とする。右辺第 1 項は，i が直接あるいは間接的に他のエージェントと繋がることによってもたらされる利得である。つまり，社会的ネットワークからもたらされる全ての利得である。σ は，リンクが間接的になるに従って，利得が逓減していくことを示している。正の効果が得られることを前提とするため，$0 < \sigma < 1$ とする。また，$s(ij)$ は，最短経路長を示している。たとえば，企業 i と間接的に繋がっている企業 k があった場合，企業 i との繋がりの経路は複数通りになるかもしれない。リンクは間接的になればなるほど，つまり経路長が長くなるほど逓減するため，企業 i にとって，企業 k からの利得を最大にするためには，最短の経路が良い。右辺第 2 項は，リンクを維持するために必要なコストを示している。i が直接リンクを持つ場合，その数だけコストを要するため，i が直接リンクを維持するのに必要な総コストである。つまり，エージェントは，他のエージェントを通じて，ネットワーク全体からの利得を受けるが，直接繋ぐエージェントに対しては，リンクを維持するコストがかかる。

たとえば，お互いに繋がれば，利益をもたらす企業（エージェント）が4社あるとする（図表2）。それぞれの企業と相互に直接繋がると，利得は大きいが，その関係を維持するコストは，直接繋がっている数だけ必要となる。関係を直接繋げるよりも，間接的に繋がっていた方が全体からの利得が高い場合もある。ある企業と直接繋がる利得 σ を 0.8 とした場合，また，関係を維持するために必要なコスト c を 0.2 とした場合，直接繋がった場合には，$\sigma - c = 0.6$ となる。間接的に繋がった場合は，関係を維持するコストがかからないが，利得は逓減する。図表2 (i) の i は，j と繋がることによって $\sigma = 0.8$ を，図表2 (ii) では，i は k とは j を介して間接的に繋がるため k から $\sigma^2 = 0.64$ を，図表2 (iii) では，i は l とは j と k を介して間接的に繋がるため l から $\sigma^3 = 0.512$ を得ることができる。図表2 (iii) のネットワークのときに，$u_i(g) = \sigma + \sigma^2 + \sigma^3 - c$ となり，$u_i(g) = 1.752$ となる。また，$u_j(g) = 2\sigma + \sigma^2 - 2c$ となり，$u_j(g) = 1.84$ となる。同様に $u_k(g) = 1.84$，$u_l(g) = 1.752$ となる。

図表2　エージェントの繋がり

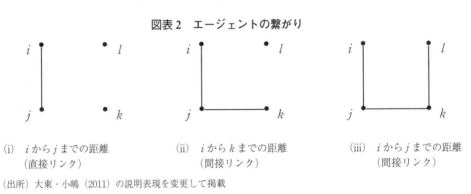

(i)　i から j までの距離　　(ii)　i から k までの距離　　(iii)　i から j までの距離
　　（直接リンク）　　　　　　　　（間接リンク）　　　　　　　　（間接リンク）

（出所）大東・小嶋（2011）の説明表現を変更して掲載

(1) 動的変化のアルゴリズム

Watts（2001）の動学過程と同様に，エージェント (i, j) は，t 期（$t = 1, 2, \cdots n$）毎に，ランダムに抽出される。抽出された i, j は，先述した利得関数に従って，独自の判断で，リンクを①繋ぐ，②切る，③維持する，を判断する。1期前（$t-1$）に決定されたネットワークを $g(t-1)$ とし，今期（t）で判断し，$g(t)$ を決定する。初期状態は，各エージェントがリンクを繋いでいない空のネットワーク，$g(0) = \emptyset$ である。

i, j が直接リンクされている場合，i, j はそれぞれ独立してリンクを切るか，現状維持の判断を行う。i, j のどちらか一方がリンクを切断した方が g からの利得が大きいと判断した場合，i, j 間のリンクは切断される。この場合の今期の社会的ネットワークは，$g(t) = g(t-1) - ij$ となる。

i, j が直接リンクされていない場合，i, j はそれぞれ独立してリンクを繋げるか，現状維持の判断を行う。i, j の双方共にリンクを繋げた方が g からの利得が大きいと判断した場合，i, j 間のリンクが繋げられる。この場合の今期の社会的ネットワークは，$g(t) = g(t-1) + ij$ となる。

すなわち，i, j のリンクが繋がるときは，お互いの同意を必要とするが，リンクを切るときは一方的に切ることができる。

社会的ネットワークは，各期のエージェントの判断結果によって形成される。エージェント同士の全ての組み合わせを変えてもネットワーク形状が変化しなくなった場合を安定ネットワークと呼ぶ。

・Step 1　エージェントのペア (i, j) は，ランダムに選ばれる。全てのペアは同じ確率で選ばれる。
・Step 2　$ij \in g(t-1)$ である場合，i と j は，リンクを切断するかどうかを独立して決定する。少なくとも片方がリンクを切断したい場合，$g(t) = g(t-1) - ij$ となる。

・Step 3　$ij \not\in g(t-1)$ である場合，i と j は，新たなリンクを作るかどうかを決める。両方ともリンクを作成したい場合，$g(t) = g(t-1) + ij$ となる。

(2) 社会的ネットワークモデルのシミュレーション実行

大東・小嶋 (2011)，Daito and Kojima (2013) では，$\sigma = 0.8$ と固定し，$0.2 \leq c \leq 0.7$ の範囲で 0.1 ずつ変化させた。シミュレーションは，組み合わせを変えてもネットワーク形状が変化しなくなったときに終了する。エラー発生の可能性は 0.1 未満となる。エージェント数は，4 から 12 まで 1 エージェントずつ追加しながら，それぞれシミュレーションを 1000 回実行した (Daito and Kojima, 2013)。

(3) 社会的ネットワークモデルのシミュレーション結果

多様な安定ネットワークの形状が出現したのは，リンクを維持するコストが最高 ($c = 0.7$) の場合であった。似たような安定ネットワーク形状が出現したのは，リンクを維持するコストが比較的低い ($c = 0.2$, $c = 0.3$, $c = 0.4$) 場合であった。

それぞれのエージェントが保有するリンク数は，リンクを維持するコストの値に強く依存しており，リンクを維持するコストが高くなるほど，各エージェントのリンク数は減少する傾向にあった。反対に，リンクを維持するコストが低くなると，各エージェントが保有するリンク数は増加する傾向にあった。ただし，1 つのエージェントが保有するリンクの最大数は，7 以上はほとんど出現しなかった。また，エージェントが保有する最大リンク数は，リンクを維持するコストが最も低い ($c = 0.2$) の場合であった。

1 つのエージェントにリンクが集中する安定ネットワーク（スター型ネットワークと呼ばれる（**図表 3** (i)））は，エージェントが 6 未満の場合は出現したが，8 以上になるとほとんど出現しなかった。追加で 6,000 回シミュレーションを繰り返した際に，スター型ネットワークは，7 エージェントの場合は 3 回出現，8 エージェントの場合は出現しなかった。

実際の社会では，リンクを維持するコストが高いケース（たとえば，$c = 0.7$）はその都度アポイントメントを取って資料を用意してから会わなければならないような関係性（心理的な負担が重いケース）として，リンクを維持するコストが低いケース（たとえば，$c = 0.2$）は気軽にコミュニケーションが取れる関係性（心理的な負担が軽いケース）として考えられる。しかしながら，実際に同じような安定ネットワークを築くかどうかは，いくつかの事例から検証していかなければならないと考えている。

経営分野では，例えば組織文化の伝播にはコミュニケーションの濃度が関係していると考えられる。本モデルでは，コミュニケーションの頻度などを考慮に入れていないが，データとして，ある期間におけるEメールや内線の回数など連絡を取り合った数を累計すると，それぞれに濃度が生まれ，分析することが可能になるだろう。また本モデルに世代交代の要素を入れることにより，ある部分が継承されるケースと，途絶えるケースなどが考察できるかもしれない。

3.2　影響力の大きなエージェントの存在

先述した社会的ネットワークモデルのシミュレーションにおいては，エージェントは同質であり，影響力がある個人や企業などは考慮されなかった。実際の社会や組織においては影響力がある個人や企業

の存在は，ネットワーク上でスター型を形成する重要な役割をすると考えられる。たとえば，個人は，政治家や官僚，大企業の役員などのような影響力がある人，企業は，業界を代表するような企業，あるいは地域において影響力が大きい企業として考えることができる。

(1) 影響力のあるエージェントを追加したシミュレーションの実行

Kojima and Daito (2011) では，全てのエージェントが同質（個性が無い）であった大東・小嶋 (2011) のモデルに，影響力の大きいエージェントを1，2エージェント追加し，社会的ネットワークがどのように変化するのか，スター型のネットワークがどの程度出現するのかを考察した。

大東・小嶋 (2011) と同様に $\sigma = 0.8$ と固定し，$c = 0.3$, $c = 0.5$, $c = 0.7$ の条件で実行した。シミュレーションの終了も同様にした。たとえば，8エージェントの組み合わせを行った場合，安定ネットワークが280期間継続したときに終了する。その際のエラー発生確率は0.00783%である。普通のエージェントの値を1とし，影響力が大きいエージェントの値を5とした。エージェント数は，4から8まで1エージェントずつ追加かつ，影響力の大きいエージェントを1，2追加して，それぞれシミュレーションを1,000回実行した。

(2) 影響力のあるエージェントを追加したシミュレーションの結果

エージェント数を4にした結果，**図表3** (i), (ii) の2種類の安定ネットワーク形状が出現した。(i) のスター型ネットワークの出現率は，いずれの場合にも30%以下で，残りの形状は (ii) であった。影響力の大きいエージェントがいないとき ($c = 0.5$)，**図表3** (i) スター型ネットワークが出現した確率は，26.7%で，影響力の大きいエージェントが1の時は，25.8%となり，影響力の大きいエージェントが2の時は，28.8%であった。このように，影響力の大きいエージェントの存在によって，スター型のネットワークが現れる顕著な傾向は見られなかった。

図表3　エージェント数4の結果（$c=0.3$, $c=0.5$, $c=0.7$）

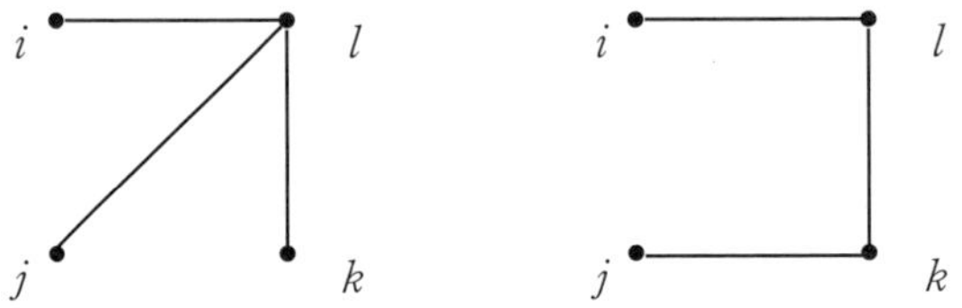

(i) スター型ネットワーク　　　　　　　　　(ii)

エージェント数を増加させて実験した結果においても，形成される安定ネットワークの形状は，影響力の大きいエージェントの存在の有無を比較してもあまり変化がなかった。また，影響力の大きいエージェントが，特別に巨大なハブの役割をすることもなかった。

しかしながら，頻出の安定ネットワークの形状の発生確率は，影響力の大きいエージェントを増やすことによって徐々に下がる傾向にあることが確認された。つまり，影響力の大きいエージェントの存在は，様々な形状の安定ネットワークが発生しやすくする。また，エージェント数が8の場合（$c = 0.3$），1つのエージェントがリンクを最大で5つ持つ安定ネットワークの形状が発生する。この安定ネットワークでは，リンクを1つしか持たないエージェントが2つ以上存在する。つまり，リンクを多く持

つエージェントと，あまり持たないエージェントが混在する安定ネットワークである。このような安定ネットワークは，影響力の大きいエージェントがいないときは4.5%，影響力の大きいエージェントを1追加した時は，5.6%，影響力の大きいエージェントを2追加した時は，10.1%の確率で発生した。すなわち，影響力が大きいエージェントを増やすにつれて，ひとつのエージェントがもつリンク数に偏りを持った安定ネットワークの出現可能性が高まることが示された。

　経営の分野においては，本モデルを応用することによって，組織内で派閥のようなものが形成される現象や企業間取引におけるネットワークの偏りが発生する現象を考察することができるようになるかもしれない。

3.3　安定ネットワーク同士を結合するシミュレーション

　大東・小嶋（2011）では，エージェントを4から8まで増やし，安定ネットワークについて検討された。Daito and Kojima（2011）では，安定ネットワーク同士（ここではエージェント数4の2組織）が結合した場合に，どのような安定ネットワークが形成されるのかについて検討がなされた。このような現象は，たとえば銀行の統合や部署内統合として考えることができる。また，安定ネットワーク（ここではエージェント数7）にひとつのエージェントを加えた。たとえば，人間関係では，すでに仲の良いグループに1人加わった時のネットワークの変化，企業間では，新たな企業が参入したときのネットワークの変化として考えることができる。

(1) 安定ネットワーク結合シミュレーションの実行

　出現した安定ネットワーク同士を全てマッチングした。全部で5組である。また，エージェント数が7のときに出現した17種の安定ネットワークに1エージェントを加えるシミュレーションをそれぞれ1,000回ずつ行った。

(2) 安定ネットワーク結合シミュレーションの結果

　エージェント数4の安定ネットワーク2組を結合した結果，スター型ネットワークが出現することはなかった。1エージェントあたりが持つリンク数が同等である場合は，組織同士が結合した場合でも同様に，1エージェントあたりが持つリンク数に偏りを及ぼすことがほとんどなかった。また，エージェントの持つリンク数に偏りがある安定ネットワーク同士が結合した場合も頻度が高かったのは，偏りが少ない安定ネットワークであったが，同様に，リンク数に偏りを及ぼすような安定ネットワークも同じぐらいの確率で出現することが確認された。

　7エージェントの安定ネットワークに1エージェントを追加した場合，8エージェントからなる安定ネットワークになったときにいくつかの形状に変化した。一部のエージェントの総利得が減るケースがあることも確認できた。しかし，多くの場合，各のエージェントの総利得は増えた。ただし，ネットワーク全体の利得は，エージェントを加えれば増すので，減ることはなかった。元の安定ネットワーク内でエージェントが持つリンク数の偏りが大きいほど（たとえば，リンクを1つしか持たないエージェントとリンクを5つ持つエージェントが混在），結合した安定ネットワーク内でのエージェントのリンク数の偏りが大きくなる傾向が見いだされた。これは，リンクを最も多く持つエージェントがリンクを減らさな

かったケースで顕著に現れた。反対に，リンクを最も多く持つエージェントがリンクを減らすケースでは，各エージェントが持つリンク数の差が小さい安定ネットワークが形成された。いずれの場合も，スター型ネットワークが出現することはなかった。傾向として，リンクを維持するコストが高くなるほど，実現する安定ネットワークが多様化することが明らかになった。

本モデルからは，たとえばM&Aが行われた際に部署や人間関係がどのように変化するのかといった問題を考えられるかもしれない。また，合併することのメリットやデメリットなどの新たな検討材料を提供することができるようになるかもしれない。あるいは，人事異動による人々のつながりの変化を表現することができるようになるかもしれない。

4 商学分野分野におけるマルチエージェント・シミュレーション

消費者行動を研究する際に応用可能なモデルとして，Daito（2013）がある。この研究は，地下街利用者の視線に着目したものである。地下街は，耐震設計を重視するため，内部の構造が同一であることが多い。地上では高い建物など特徴のあるものをランドマークとして現在地を把握できるが，地下街においてランドマークを見つけることは困難である。このような条件下で地下には，多くの商業施設が存在している。たとえば，店舗経営者にとって，歩行者が見ている場所や行動の特性を掴むことができたなら，より効果的にマーケティングを行うことができると考えられる。

4.1 地下街歩行シミュレーションの実行

このモデルにおけるエージェントは，視野が定義され，人々を避けながら目的とする方向へ移動するように設計した。地下環境として，福岡天神地下街の一部をモデル化した。実行したケースは2種類で，南から北へエージェントが移動するケース（片方向のケース）と南北方向からそれぞれエージェントが移動して交差するケース（双方向のケース）である。エージェントがどこを見ているのか計測できるように，店舗の場所が視野に入った回数をカウントできるようにした。シミュレーション開始時から1ステップ毎に片方向のケースでは40エージェントが，双方向のケースでは，南北双方から各40エージェントが行動する。目的地に到達した時点で，エージェントは行動を停止する。1,000番目のエージェントが行動を終えた時点でシミュレーションは終了する。それぞれのケースを10回繰り返した。

4.2 地下街歩行シミュレーションの結果

片方向のケースでは，直線が続く通路部に面した店舗よりも，交差する場所の角にある店舗が平均で10倍視野に入っていた。また，双方向のケースでは，エージェント同士が避けるため視線や立ち位置が動いたことにより，直線部では約5.87倍，交差する場所では約1.37倍，片方向のケースよりも，店舗が視界に入るという結果が得られた。

このことから，人通りの少ない場所や人が交差することが少ない店舗では，通路上にベンチや花木を置いて，人々の立ち位置や視線を動かすことでより効果的なマーケティング活動が行えるものと考えられる。ただし，人の視線は常に一定ではなく，上下左右に動くものと考えられるため，人や障害物を避けるときの視線の動きや，通路上の目的地をどの程度見続けているのかなどについては実測が必要であ

ろう。さらに，購買目的・経験や地下利用経験の有無などによる基本的な行動の特徴をモデルに反映することでより具体的な消費者の行動が検討できるようになるものと考えられる。

5 おわりに

　本稿において，MAS の経営・商学分野における利用の可能性について述べた。実際に，経営・商学分野で MAS を役立てるためには，海野（1998）が指摘するように，「議論に先立って，その議論が意味を持つための準備作業が必要」になる。すなわち，MAS を行う研究者は，まず経営・商学分野でなされている研究の中でどの部分に貢献できるのかを明示する必要があるだろう。その上で，議論を通じたモデル改善が必要とされるのであろう。日本マネジメント学会においては，主に実践的な研究を目的とするが，MAS を使った研究は，実践的に確認しないとわからないような現象（研究課題）を新たに提供するかもしれない。また反対に，実際の経験から得られた知見を MAS のモデルに組み込むことで，より具体的に起こりうる現象について検討することができるようになる。

＊本研究の一部は JSPS 科研費 JP17K04028 の助成を受けたものである。
また，社会的ネットワーク形成モデル（大東・小嶋，2011; Kojima and Daito, 2011; Daito and Kojima, 2011; Daito and Kojima, 2013）は，山口大学経済学部小嶋寿史先生との共同研究の成果であるが，本稿への掲載について快諾を頂いた。ここに記して感謝申し上げる。

〈注〉
(1) 本稿では，Gilbert and Troitzsch（2005）による補足を，社会的能力，反応性の説明において使用した。
(2) 山影・服部（2002）の KK-MAS，あるいは，山影（2007）の artisoc のモデルを使って実験することが可能である。

〈参考文献〉
入山章栄（2012）『世界の経営学者はいま何を考えているのか：知られざるビジネスの知のフロンティア』英治出版。
海野道郎（1998）「問いの形—数理社会学が問うべきもの」『理論と方法』12 (2)，pp.121-133。
大東正虎・小嶋寿史（2011）「対称的な環境下における社会的ネットワーク形成の動学的分析」『岡山商大論叢』第 47 巻第 2 号，pp.61-90。
寺野隆雄・出口弘（2002）「社会科学におけるエージェント研究の動向と課題」『電子情報通信学会技術研究報告　AI，人工知能と知識処理』Vol.101, No.535, pp.25-32。
山影進・服部正太（2002）『コンピュータのなかの人工社会：マルチエージェントシミュレーションモデルと複雑系』共立出版。
山影進（2007）『人工社会構築指南：artisoc によるマルチエージェント・シミュレーション入門』共立出版。
Daito, M. and H. Kojima (2011) An Agent-based Model for Analyzing Interaction of Two Stable Social Networks, *World Academy of Science, Engineering and Technology*, 60, pp.248-254.
Daito, M. and H. Kojima (2013) Agent-Based Simulation Using a Model of Network Formation, in *Agent-Based Approaches in Economic and Social Complex Systems VII*, Springer-Japan, pp.85-97.
Daito, M. (2013) Agent-Based Model for Analyzing Information Behavior of Consumers in Underground Mall, *European Journal of Business Research*, Vol.13 Issue 2, pp.5-10.
Gilbert, N. and K.G. Troitzsch (eds.) (2005) *Simulation for the Social Scientist*, 2nd edn. Open University Press.
Jackson, M.O. and A. Wolinsky (1996) A Strategic Model of Social and Economic Networks, *Journal of Economic Theory*, 71, pp.44-74.

Kojima, H. and M. Daito (2011) An Agent Based Simulation for Network Formation with Heterogeneous Agents, *World Academy of Science, Engineering and Technology*, 60, pp.1227-1231.

McCulloch, W.S. and W. Pitts (1943) A Logical Calculus of the Ideas Immanent in Nervous Activity, *Bulletin of Mathematical Biophysics*, Vol.5, pp.115-133.

Russell, S.J. and P. Norvig (1995) *Artificial Intelligence: A Modern Approach*, Prentice-Hall, Inc., Englewood Cliffs, N.J.

Schelling, T.C. (1971) Dynamic models of segregation, *Journal of Mathematical Sociology*, 1, 143-186.

Watts, A. (2001) A Dynamic Model of Network Formation, *Games and Economic Behavior*, 34, pp.331-341.

Wooldridge, M. and N.R. Jennings (1995) Intelligent Agents: Theory and Practice, *The Knowledge Engineering Review*, Vol.10, Issue 2, pp.115-152.

Multi-agent Simulation for Analyzing Business and Consumer Behavior

Okayama Shoka University

ABSTRACT
DAITO Masatora

In this paper, the author provides an outline of multi-agent simulation (hereinafter referred to as "MAS"), which is categorized as AI in social simulation. The author uses social network and walker models to explain the effectiveness of MAS in fields of business and consumer behavior. After explaining the outline and results of each model, the author suggests some ways of applying these models to studies of business and consumer behavior. According to the results of Daito and Kojima (2011, 2013) and Kojima and Daito (2011), the social network model is useful for studying organizational culture, corporate transactions, merger and acquisitions, etc.. In addition, according to the results of Daito (2013), the walker model is useful for studying marketing of shops in underground shopping malls. Finally, the author proposes how MAS can be used in practical business research, which is one of the aims of Nippon Academy of Management.

特集論文

IoT，AI とマネジメントシステム
── IoT のビジネスモデル視点──

東洋大学　**小嶌　正稔**

> ♪ キーワード
>
> **IoT**　　デジタルツイン　　ビッグデータ　　マネジメント　　ビジネスモデル
> エコシステム

1　はじめに

　IoT（Internet of Things），ビッグデータ（Big Data），そしてビッグデータの解析の手段としての AI（artificial intelligence），コグニティブ・コンピューティング（cognitive computing）などのビジネスツールが，爆発的に拡大するデータの活用を通して，産業やビジネスの基盤を変えようとしている。しかもこのデータは量的に莫大であるだけでなく，非構造化されているため，明確な目的がなければ，マネジメントはデータレイク（data lake）に沈むことになる。実際に，IoT の潜在的危機として「多くの企業が多くのヒト・モノ・カネを投入し IoT を構築したものの，大量のデータを収集した後に期待される効果を実現できずに困惑している」（リー，2016：62-63）という事実もある。これはデータマネジメントの視点からは，膨大なデータを対象にしたデータマイニング（data mining）的発想に基づくものであり，非構造的データを含めたデータによって事象を再現したり，解析したりするためのデータ活用が目的的であることの前提の欠如からもたらされている。

　マッキンゼーの「主要企業経営者（日，独，米　100 人アンケート）の IoT 時代への準備度調査」によると「約 9 割の経営者が IoT を事業機会として捉えている」のに対し「自社が IoT を事業に落とし込む目処が立っていると感じる」のはわずか約 2 割に留まっており（重松・マティス，2017：64），事業機会としての IoT への期待と現実の成果との間には大きな乖離が存在している。

　ガートナージャパン（Gartner Japan）の日本企業における IoT の推進体制の確立状況を 2015 年から 2017 年の 3 年間で比較すると，「IoT の専門部署やグループができた」は，8.5％から 14％ に大幅に増えており，これに「現在準備中」を加えると，34％ まで増加している。同社の池田武史は，この調査から「国内企業の IoT への取り組みは前進しているとはいえ，緩やかなペースにとどまっている。その背景には，IoT がビジネスの多くの場面に直接的，間接的な影響を及ぼすのはこれから数年先になると考えられており，具体的な取り組みをいつどのように始めるべきか，多くの企業が悩んでいるという状況がある」としている。しかし「IoT の影響で自社の製品やサービスが変わる」では，「既に変わりつつある・これから変わる（3 年以内）」と経営の現場への影響が認識されており，IoT がマネジメントの問題として取り組むべき課題となっていることは明らかである（**図表 1**）。Amazon を例に挙げるまでもなく，デジタル社会とバーチャルの世界の競争優位は，既にリアルな世界におけるビジネスの優位性

図表1　日本企業における IoT の推進体制の確立状況等

日本における IoT 推進体制の確立状況

	2015	2016	2017
IoT の専門部署やグループができた	8.5	10.1	14.0
現在準備中		15.7	20.0
3 年以内に確立予定	13.2	30.7	26.6

IoT の影響で自社の製品やサービスが変わるか

	2015	2017
既に変化，3 年以内	52.0	55.0
3 年よりさき	47.7	27.0
起こらない		18.0

（出所）『ガートナー IT インフラストラクチャ＆データセンター サミット 2017』（4 月 26 ～ 28 日，東京コンファレンスセンター・品川）2017 年 4 月 12 日ガートナー ジャパン株式会社 広報室　https://www.gartner.co.jp/press/html/pr20170412-01.html，同上 2015，（5 月 26 ～ 28 日 虎ノ門ヒルズ）2015 年 5 月 11 日，http://www.gartner.co.jp/press/html/pr20150511-01.html を小嶌が一部加工。

に結びついている（富山，2016：123）。

2　IoT の構成要素とビジネスモデル視点

　IoT は構成要素であるインターネット（Internet）とモノ（Things）から 3 つの視点に整理することができる。インターネットは通信ネットワーク（Internet-Oriented：接続）であり，モノ（Things）には，単にインターネットにつながったモノと，RFID（Radio Frequency ID）などデータを収集するセンサーなどのモノ（device）からなる（Thing-Oriented）。そして第三の視点は，センサーなどによって積み上げられたデータを収集し，蓄積し，解析し，事象を特定し，再現することによる価値創造（Semantic-oriented：意味）の視点である。

　Abdmeziem and Tandjaoui（2014：3-4）は，この 3 つの要素が重なり合った部分（convergence）を IoT と定義している（**図表 2**）。

　単にモノがインターネットにつながるとは，データをインターネット上に蓄積するか，もしくは接続してデータとして活用することに留まる状態である。カシオ計算機の「G ショック」のスマートホン用のアプリを例に取ると，紙で提供していた腕時計の保証書をアプリで提供することがこれにあたる。[1]すなわち物的な保証書がインターネットのデータに置き換わっただけでモノとして完結している。

　またセンサーなどデータを収集する装置も，装置単体では IoT を技術的に支えるインフラとして存在する。先の G ショックの例では，「腕時計とスマホは近距離無線通信『ブルートゥース』で接続する。（中略）スマホと連携時にデータを送信する。アプリがデータ内容を解析し，不具合がある場合には改善法を示す」と時計の多くの部品がセンサー化してデータを収集し，解析のためにスマホに送られる。[2]そしてこれらのデータは，カシオのサーバーに蓄積され製品開発などに利用されることよって，新しい価値創造の源泉となる。センサーなどデータを収集する装置の発達と低価格化はめざましく，どのような事例も紙に記した時には，ありきたりで，もはや新しいモノでは無くなってしまっているほどである。

　ポーターらは「インターネットは，人をつなぐにせよ，モノをつなぐにせよ，単に情報を伝達する仕組みに過ぎない。接続機能を持つスマート製品がなぜ画期的かというと，理由はインターネットにある

のではなく，モノの本質が変化している点にある」，「この種の製品は，戦略面で数々の新しい選択肢をもたらす価値をどう創造，確保するか」であると述べ，モノ（技術）としての機能とビジネスモデル視点の違いを指摘している（Poter and Hepplemann, 2016：30-31）。

一方，概念としてのIoTの説明には，層化モデルが使用される。Mejtoft（2011）は，ビジネスモデルを，接続（the connected things），制御（the controlled things），価値創造（the independent thing）の3つのレイヤから説明している。接続とは，モノにセンサーを装着して情報を提供する製

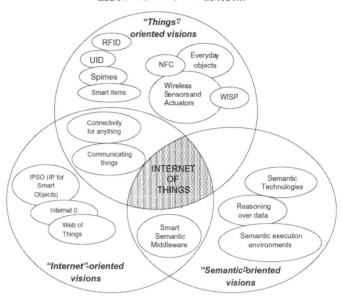

図表2　IoTの3つの構成要素

（出所）Abdmeziem and Tandjaoui（2014：2）Figure 1

造レイヤ（manufacturing function），バリュー形成プロセスに活用できるデータを収集する制御のサポート機能（supporting function），そして共同創造パートナーとともにIoTを活用する価値創造レイヤ（co-creating function）の3つである。

またChan（2015：554-556）は，センサーによるデータ収集（object sensing and information gathering layer），情報送信（information delivering layer），情報化（information handling layer），そしてそれを活用する層（application and service layer）の4層アーキテクチャで説明している。下層の2つのレイヤは，ツールとしてのTechnology stack（テクノロジースタック：最適なハード，組込みソフト，接続の組み合わせ）である（Poter and Hepplemann, 2016：38-39）。

このようにIoTのマネジメントは，インターネット，センサーなどのモノの技術をインフラとして，価値を創造するビジネスモデル視点となる。

3　IoTとビジネスモデル

ビジネスモデルの価値創造の視点としては，ポーターらのデータ解析ツールが有用である。ポーターらは，まずセンサーを搭載したスマート製品（データ源）から生み出される生データが，複数のフォーマットによる集合体としてデータレイク（data lake）に蓄積され，それが記述的，診断的，予測的，処方的に解析され，それが事業パートナー（partner），顧客（customer），自社事業（business）の製品性能を最適化する知見をもたらす，としている（Poter and Hepplemann, 2016：110-111）。このデータ源において重要なことは，データレイクに蓄積されるデータが，「接続機能を持つスマート製品」だけでなく，天候などの外部データ（インターネットデータ）とビジネスの中で蓄えられた自社の構造化されたデータ（サービス履歴や保証ステータス）までが含まれる点にある[3]。

リー（2016）は，ビッグデータをインターネット・ビッグデータとインダストリアル・ビッグデータ

図表3　インダストリアル・データ

	インターネット・ビッグデータ	インダストリアル・ビッグデータ
必要なデータ量	大量のサンプル数を備えたデータ	できるだけすべてのデータを使う
必要なデータの質	低い	高い：データの質の評価と修復が必要
データ属性の意味	属性の意味を考えない：統計的な有意性だけで分析する	各属性間での物理的な関係に重点が置かれる
分析手段	統計解析：サンプルデータセットの各属性の関連性を取り出して予測する	パイプライン型のデータ分析手段：数学／物理・ロボット，コントロール・人工知能などを含む異なる分野の技術の融合に重点が置かれる
必要とされる精度	低い	高い

（出所）リー，2016：61 図表

に区分し，インダストリアル・データの有用性を示しているが，データ解析ツールとしてのデータが，デジタルツインとして状況の再現性を高めるには，両方のビッグデータが必要となる。

　IoT のビジネスモデルでは，解析ツールはビジネスモデルのオペレーションモデルの鍵として機能している。これらの解析ツールの中で，記述的（製品の環境，運用状況を把握する）は，解析の基礎の役割を持ち他のツールとは違った位置づけを持つ。この解析ツールは「性能の低下や故障の原因を探る」診断的なデータを生成し，「近々起きそうな出来事の予兆を検知する」予測に活用され，IoT のオペラント・リソース（operant resource：競争優位の源泉となる知識や技術）を形成する。重要なことは「企業がこの仕組みを使って価値を創造するビジネスに変革できるか」にあり（リー，2016：29），モノ（製品）がコアベニフィット（ソリューション）を実現するための仕組みを作り上げることができるかにある。[4]

　この仕組みを重視したのが CPS（Cyber Physical System）である。CPS は「実体空間における対象物，環境，活動からデータを収集，保存，モデル作成，分析，マイニング，評価，予測，最適化，共有された状態」のプロセス・システムである。そして CPS は，メカニズム空間，環境空間，コミュニティ空間などを含む実体空間と密に連携し，リアルタイムに作用し，相互に結合し自動更新されるようなサイバー空間であるデジタルツイン（digital twin）を形成する。[5]

　三木（2016：80-92）は，CPS と IoT のフレームワーク要素として，取得，収集，伝送，分析，可視化，モデル化，最適化，制御のフローを実世界（physical system）と IT の世界（Cyber System）から示している。まずは実体空間からセンサーによってデータを「取得」し，データ系列として「収集」し，ネットワークによって「伝送」され，それを意味のある明確なデータに昇華させる「分析」が行われる。この分析は情報の獲得であり，情報は意思決定に必要なデータの提供である（三木，2016：81-85）。意思決定に必要なデータの生成には，解決すべき課題の設定とマネジメントが前提となる。このマネジメントのツールとして分析は「可視化」をもって実社会にもたらされる。[6]

　次にモデル化段階以降が，「最終的に実世界側を『制御』するために，実績を理解する，つまり実世界の『モデル』をサイバー空間側に作る」プロセスとなる。「モデルとは実世界に存在する『状態』が全て分かっていて，されにそれぞれの状態にはどのようにすれば到達できるのかが分かっている状態を作る」（三木，2016：87）ことである。モデル化がされると，目的に達成するためにもっとも最適な道筋が示され（最適化），サイバー空間で見出された最適解が実世界に伝わり「モノ」を制御することでシステム目的が完結する。このプロセスをビジネスプロセスに当てはめれば，分析・可視化が性能低下や故障の原因を探る診断であり，モデル化・最適化が性能低下や故障の予測であり，制御が問題解決となる。

また製品の状態，環境，運用状況を把握するという記述的要素は，マネジメントの手段となる「状況再現性」を示すものである。状況再現性は品質管理として重要であり，インダストリアル・ビッグデータへの鍵となる役割も果たす。

4　IoTのマネジメントシステム

　IoTのモノ（Things）は，モノだけではなくモノゴトであり，モノの捉え方がマネジメントにとって重要である。この思考には，Lusch and Vargo（2014）のサービス・ドミナント・ロジック（Service Dominant Logic :S-DL）やリー（2016）のフライド・エッグモデル（FEモデル）などがあり，グッズ・ドミナント・ロジック（G-DL）の価値創造に相対するロジックが前面に出る。

　S-DLは，企業が価値を一方的に作り出すのではなく，交換を基盤として価値が多様なアクターによって共創される考え方である。FEモデルは，6Mと6Cを，価値創造を実現する設計思想とし，Mは従来型の製造システムを構成してきた5Mと価値創造のモデリング（6番目のM）から構成される。従来型製造業が実現してきた5Mとは，製品部分であり素材（Material），機械（Machine），方法（Methods），計測（Measurement），保全（Maintenance）からなる（リー，2016：34）[7]。モデリングは，状態モニタリング，予測，最適化と防止を含むデータと知識モデリングが含まれ，「企業はたとえ材料や設備を生み出さなくても，稼働データやメンテナンスデータなどから価値を創造できる」としている。またサービス部分は，接続（Connection），クラウド（Cloud），仮想空間（Cyber），データ内容と情報源（Content・Context），コミュニケーション（Community），カスタム化（Customization）の6Cから構成され，これらのCは「意思決定の最適化とサービスのカスタマイズ化によって価値を創造する」（リー，2016：36-37）[8]としている。ここでいう価値創造とは，顧客のために価値を創造するイノベーティブなサービスであり，S-DLと同様に顧客とのインタラクションを重視し，財としてのモノとサービスの境界は，ソリューションの可視化の段階であいまいになる。

　先にモノとモノゴトを区別したが，その区別は製品の特性や形態だけでなく関係に依存する。リビングの家電製品が相互に繋がることでまったく別の価値を生み出すように，それは一つのモノがモノとして存在しているだけではなく，同時にソリューションを提供するモノゴトとして機能しているからである。このソリューションは，IoTがオペラントリソースとして機能することで，モノとモノゴトとの境界を融解する。

　このことからIoTのマネジメントは，アクター（ユーザー）のモノ・システムに対する要求・目的・核便益（core benefit）を明確にした上で，モノを届け，使用・運用過程を含めて，最適化を継続するソリューションの中で，自律化したエコシステム（digital ecosystem）の構築を目指すことになる。

　ここでは，IoTに対するマネジメントの枠組みを確立するために，インダストリアル・ビッグデータを前提にした上で，共有するIoTマネジメントの前提を整理することとする。

　本稿で示すIoTのマネジメント前提（axioms and foundational premises）は，①IoTマネジメントはエコシステムを戦略単位とする。②IoTマネジメントはMOT（技術要素：technology architecture）とビジネスモデル（価値創造：business architecture）からなる。③モノの基本単位はモノとモノゴトによるソリューション（価値創造）である。④IoTマネジメントは現実社会（physical system）とサイバー社会

(cyber system) によって形成され，デジタルツインを用いてマネジメントされる，である。④のデジタルツインについてはすでに説明済みであり，ここでは説明を割愛する。

まず IoT マネジメントの戦略単位としてのエコシステムについて述べる。

IoT のマネジメントは，データレイクに蓄積されたデータを，解析ツールによって価値創造に結びつける役割を果たすが，蓄積されるデータの源泉は，自社のリソースだけでなくステークホルダーを含めて外部にも拡がり，インターネット・データに至っては，データの精度すら保証されないものまでが含まれる。すなわちデータを解析し，最適化を継続するためには，データレイクの生データと解析ツールからアウトプットされるデータの間に，解析ツールとは別にデータの精製 (refine) が必要となる。その精製は，問題解決に向かって必要なデータを拾い集め，積み上げ，自律した最適なパーツとするプロセスである。この自律したパーツこそがエコシステムを構成する要素である。

例えば，電気自動車 (EV) の初期エコシステムは，社会が EV を受け入れる準備を整える要因から成り立っている。受け入れる準備とは，技術的な要素だけでなく，エコロジー (ecology) のような社会的な必要性，経済性 (economy)，生活手段として受け入れるための充電環境，新しい技術ゆえに生起する消費者の意識の差の克服までが含まれる。EV を生活手段として受け入れるための充電環境には，基礎充電 (自宅，車の保管場所における充電)，目的地充電 (ショッピングセンターや観光地など)，経路充電 (自宅と目的地の間で必要とされる充電装置) の整備状況までが含まれる。そしてあたらしい技術ゆえに生起する消費者の意識の差には，消費者が「充電しなくては不安」と感じる電気残量と走行距離などからなる。

しかも EV が直面する技術要因には，EV の技術だけでなく，内燃機関のエンジンとの新旧技術のエコシステムの中で起きる競争，すなわちエンジン技術の進展状況からサービス・規格・規制など相互補完的な多くの要素の影響を受ける。例えばマツダの3リッターカー (3ℓの燃料で100kmの走行が可能となる SKYACTIVE X：HCCI エンジン) の技術は，EV の普及に影響する。すなわち IoT の技術はエコシステム全体の準備が整った時に始めて機能するのである (Ernst & Young, 2011)。このことから IoT のマネジメントはエコシステムを戦略単位とするのである。

次に IoT マネジメントは MOT (技術要素：technology architecture) とビジネスモデル (価値創造：business architecture) からなるという前提である。

重松路威ら (2017：66-67) は，IoT は，技術エコシステム (ハードウエア，コネクティビティ・プラットフォーム・アナリティクス，アプリケーション，セキュリティ) とビジネス・エコシステムの2つの融合から生み出されるとしているが，これは IoT のマネジメントが，技術要素の方向を司るマネジメントと価値創造のマネジメントの融合を求めていることを示している。

再度，EV を例にあげると，EV の技術エコシステムは充電インフラ領域 (charging infrastructure sphere)，ユーティリティ領域 (utility sphere)，OEM 領域 (OEM sphere) などからなり，充電インフラ領域には，充電設備のインフラ (physical infrastructure management)，充電ネットワークの運営者 (charging network operator)，顧客サービスネットワークマネジメント (customer service network management) など消費者領域 (customer sphere) などから構成されるビジネスエコシステムで捉えなくてはならない (Ernst & Young, 2011)。すなわち技術エコシステムは，ビジネス・エコシステムまで拡がらなければ価値創造できないことから，IoT のマネジメントはビジネスモデルのエコシステムに向かっ

て両者の融合を進めるのである。

　そしてモノの基本単位としてのモノとモノゴトによるソリューションが前提である。ソリューションは，普遍的，標準的であることを必要としない。IoTを活用する段階で，アクターの行動はポリモルフィズム的（polymorphism）であり，同じモノや情報をインプットしたとしても，アクターの必要性によってそのアウトプットはまったく違ったものとなる。一つの住所録データは，その扱いによって年賀状の宛先に使われることもあれば，パーティの名札にもなる。ソリューションがポリモルフィズム的（polymorphism）であることは，S-DL共創という概念では説明のできない範囲である。それゆえIoTは，アクターにとってはそれぞれのソリューションなのである。

　すなわちIoTの価値創造は，価値共創を前提とするものの，アクターのポリモルフィズム的行動は，ソリューションを標準化しない。しかしビジネス・エコシステムの競争優位は，全体最適の事業機会の上に成立し，マネジメントはソリューションを含めたシステムの最適化を目指すのである。

5　CPSにおける消費者とマネジメントの位置づけ

　CPSが現実社会（physical system）とサイバー社会（cyber system）の間を循環するデジタルツインからさらに進んでリングサプライチェーン・システムとして活動し始めた時，マネジメントはどのように関与し消費者はどこに位置づけられるのかという課題が生まれる。

　ここで鍵を握るのが，消費者のポリモルフィズム的な行動である。すなわちリングサプライチェーンがデジタルツインを通して極めて効率的で標準化したシステムであったとしても，消費者は自らの意思で，自らの都合に合った受け入れ環境を独自に形成することで，自らをリングサプライチェーンの外に置くことができるのである。そしてリングサプライチェーンは，それらを意図的に取り入れながら廻ることで，消費者なしには完結できない環境となる。マネジメントは，この両者のコミュニケーションの中からあたらしい価値を生み出すモノとして位置づけられる。

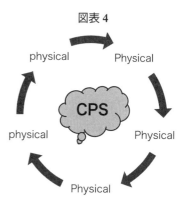

図表4

　またこのリングの中で，ドミナントリーダーと利益配分システムも同様に扱われる。すなわちリングサプライチェーンは，プラットフォームとして利益を実現するシステム環境を形成するが，マネジメントが消費者のポリモルフィズム的な行動を取り込んで価値を生み出すとすれば，利益配分システムはプラットフォームと価値を生み出すシステムの2段階から構成されることになる。例えば，自動車のIoTによる整備点検システムがデジタルツインによって，最適に整備を指示したとする。IoTの整備点検システムは当然，システムとして事前に標準として設定された特定の整備工場を指定し，予約を取ることを促すが，ここで消費者が仮に「（指示された）それ以外」という応答をしたとき，IoTシステムが「それ以外」の選択肢を提示できなければ，システムは消費者の意思のもと完結することはできなくなる。そして提示された選択肢に対して「それ以外」「それ以外」を繰り返せば，システムの効率性は低下することから，「それ以外」とする消費者の意思が，システムの更新に繋がり，利益配分システムを変えていくのである。

6 おわりに

　本稿ではIoTのマネジメントについてビジネスモデル視点から考察してきた。学会の統一論題として議論の土台を形成できるように，定義や基礎的な用語からIoTマネジメントの考察に必要となる前提，IoTにおける消費者の立ち位置，マネジメントの役割までを網羅した。

　IoTがサイバー・ワールドで語られていた時代は既に去り，既にサイバーとリアル（現実）がビジネスワールドの中で語られている。IoT技術の先進性がビジネスの有効性と関連を持たないという時期は既に去り，ビジネスの有効性を先進的な技術が支える段階となっている。技術が製品を生み出した時代から，必要な製品に向かって技術のベクトルをマネジメントした時代を経て，現在ではソリューションに向かってエコシステムをマネジメントする段階となった。この段階のマネジメントの困難性は，マネジメントの対象となる組織が，組織の外部からは見えなくなることにある。正確には組織の境界が，組織の外からは見えなくなると言うべきかも知れない。EVは組み立てる部品数は少なく，内燃機関の車の部品数の3分の1だと言われる。しかし確かなことは，EVは数えられる部品だけで作られているわけではないということだ。もはや数えられるモノの方が少ない。

　今後はさらに新しい技術や知識が主導する時代のマネジメントについて議論を重ねていくことが必要である。

〈注〉

(1) 「腕時計故障察知アプリ」『日経産業新聞』2017年9月6日，6頁。
(2) 「例えばソーラー電池の残量が低下すると充電を促したり，発電効率が低下すると故障の予兆があるかを分析したりする。利用者は不具合が発生した場合にすぐに対応策を確認できる。（中略）アプリで解析した腕時計の動作状況などは同社のサーバーにビッグデータとして集め，将来の新製品開発に役立てる」（『日経産業新聞』2017年9月6日，6頁）。
(3) この自社のサービス履歴や保証ステータスはPoter and Hepplemann（2016：110-111）の表より使用。
(4) Poter and Hepplemann（2016：114-115）は解析ツールの事例として，テスラのバッテリー事故の再現性を事例に挙げている。これは「路上で金属製の物体にぶつかった後，バッテリーが破損して発火する事例が2013年に2件発生」→「診断ツールを使用して原因追及」→インダストリアル・データのみならずインターネット・データを活用して「路面状況と走行速度の再現に成功」→「事故が起こったのと同じ状況になった時に，サスペンションを上げるプログラムの送信（問題解決）」という事例である。この事例は4つの保全活動と同じ機能を果たしている。すなわち「①予知保全，予防保全（定期保全，予知保全）設備の劣化傾向を設備診断技術などによって管理し，故障に至る前の最適な時期に最善の対策を行う予防保全の方法（JIS Z8141-6214）」「②事後保全（設備に故障が発見された段階で，その故障を取り除く方式の保全（JIS Z8146-6209））」，「③改良保全（故障が起こりにくい設備への改善，または性能向上を目的とした保全（JIS Z8141-6211））」，「④保全予防（設備，系，ユニット，アッセンブリ部品などについて，計画，設備段階から過去の保全実績または情報を用いて不良や故障に関する事項を予知・予測し，これらを排除するための対策を織り込む活動（JIS Z8141-6212）」である。この保全活動のデータは自社内データであるのに対し，IoTのデータレイクはこの対象をひろげることで，この予知性を飛躍的に高めたと言える。
(5) 「実世界のデータをことごとくサイバーの世界に取り込み，高度な処理を行うことで，実世界に役立てるシステム」（三木，2016：70）である。
(6) 可視化はデータのみによって可視となるのではなく，実際の現場でも，故障などの障害によって「見えるもの」になる。
(7) 「Materialは，材料，特性と機能を含む。Machineは，制度，自動化と生産能力を含む，Methodsは，プロセス，効率と生産能力を含む，Measurementは，シックス・シグマ，センサーモニタリングを含む，

Maintenance は, 稼働率, 故障率およびオペレーションコストを含む」ものであり, 「従来型の製造システムにおいて, これまでの3回の産業革命を経て, (中略) 実施され, 改善されてきている (リー, 2016：21).

(8) 「Connection はセンサー, インターネット, IoT を含む, Cloud は, ストレージを保持し, いつでも分析する能力がある, Cyber モデムとメモリーを含む, Content/Context は, 相関性, 意味, 決定を含む, Community はインタラクティブ, シェア, コンディションを含む, Customization はカスタマイズされたサービス価値」である (リー, 2016：36).

〈参考文献〉

大野治 (2016)『IoT で激変する日本型製造業ビジネスモデル』日刊工業新聞社。

小林啓倫 (2015)『IoT ビジネスモデル革命』朝日新聞出版。

重松路威, ロバート・浩・マティス (2017)「IoT エコシステムで競争優位を築く法」『DIAMOND ハーバード・ビジネス・レビュー』2017 年 6 月号, pp.62-73。

DIAMOND ハーバード・ビジネス・レビュー編集部 (2016)『IoT の衝撃』ダイヤモンド社。

デロイト トーマツコンサルティング (2016)『モビリティ革命 2030』日経 BP 社。

冨山和彦 (2016)『AI 経営で会社は甦る』文藝春秋。

松島聡 (2016)『UX の時代』英治出版。

三木良雄 (2016)『IoT ビジネスをなぜ始めるのか？』日経 BP 社。

リー, ジェイ (2016)『インダストリアル・ビッグデータ』日刊工業新聞社。

Abdmeziem, R. and D. Tandjaoui (2014) Internet of Things: Concept, Building blocks, Applications and Challenges, 28 January 2014, pp.1-17.

Chan, Hubert C. Y. (2015) Internet of Things Business Models, Journal of Service Science and Management, 2015, 8, 552-568, Published Online August 2015 in SciRes. http://www.scirp.org/journal/jssm , http://dx.doi.org/10.4236/jssm.2015.84056

Dijkmana, R. M., Sprenkels, B., Peeters T. and A. Janssen (2015) Business models for the Internet of Things, *International Journal of Information Management*, 35, pp.672–678.

Ernst & Young (2011) Beyond the plug: finding value in the emerging electric vehicle charging ecosystem, Business strategy analysis.

Fleisch, E., Weinberger, M. and F. Wortmann (2014) Business Models and the Internet of Things, Bosch IoT Lab White Paper, August 2014

Haller, S., Karnouskos, S. and C. Schroth (2008) The Internet of Things in an Enterprise Context, Future Internet Symposium FIS 2008: pp.14-28.

Jayavardhana, G., Buyyab, R., Marusica, S. and M. Palaniswam (2013) Internet of Things (IoT): A Vision, Architectural Elements, and Future Directions, *Future Generation Computer Systems*,Volume 29, Issue 7, September 2013, pp.1645–1660.

Lusch, Robert F. and Stephen L. Vargo (2014) *Service-Dominant Logic: Premises, Perspectives, Possibilities* Cambride University Press.(井上崇通訳『サービス・ドミナント・ロジックの発想と応用』同文館出版)。

Mejtoft, T. (2011) Internet of Things and Co-Creation of Value. Proceedings of the 2011, International Conference on and 4th International Conference on Cyber, Physical and Social Computing, Dalian, 19-22 October 2011, 672-677. http://dx.doi.org/10.1109/iThings/CPSCom.2011.75

Meyer, S., Ruppen, A. and C. Magerkurth (2013) Internet of Things-aware Process Modeling: Integrating IoT Devices as Business Process Resources, *Advanced Information Systems Engineering*, CAiSE 2013: International Conference on Advanced Information Systems Engineering, pp.84-98.

Poter and Hepplemann (2016)「IoT 時代の競争戦略」『IoT の衝撃』DIAMOND ハーバード・ビジネス・レビュー編集部編訳, ダイヤモンド社。

Simon H. (2009) *Hidden Champions of the Twenty-First Century: The Success Strategies of Unknown World Market Leaders*, Springer. (上田隆穂・渡部典子訳『グローバルビジネスの隠れたチャンピオン企業 』中央経済社, 2015 年)。

Sundarajan, A. (2016) The Shaaring Economy The End of Employment and rise of Crouwd-based Capitalism, ICM partner. (門脇弘典訳『シェアリングエコノミー』日経 BP 社, 2016 年)。

Uckelmann, D., Harrison, M. and F. Michahelles (2011) An Architectural Approach Towards the Future Internet of Things, Architecting the Internet of Things, pp.1-24.

Management System Driven by IoT and AI: Roles of IoT from a Business Model Perspective

Toyo University

KOJIMA Masatoshi

ABSTRACT

In this paper, the author considers managing IoT from a business model perspective. In order to form the basis of this discussion as a Share points (Conference topic) for managing IoT, it covers axioms and foundational premises for discussing IoT management using definitions and basic terms, the position of consumers in IoT and the role of management.

The age when IoT was a word used in the cyberworld is gone, and it has now become a concept used both in cyber and real business worlds.

At the same time, the time when the advanced nature of IoT technology has nothing to do with the effectiveness of business has passed, and now advanced technology is supporting the effectiveness of business.

The difficulty senior management encounters at this stage is that the technology causes their organization's management to be invisible outside the organization.

To be precise, it may be said that the boundary of the organization disappears from outside the organization.

This paper shows the need to discuss managing new technology and leading knowledge.

研究論文

経営教育学序説®
── 経営者の「主客合一性」と一人称レベルの持論 ──

中部大学　**辻村　宏和**

┌─ 🎵 キーワード ─────────────────────────────────┐
　主客合一性　　内観法　　一人称レベルの持論　　自己能力観　　自己対決姿勢
└───┘

1　研究主題

　経営それ自体は，科学ではなく実践である。「実践＝問題解決」と捉えるのならば「経営＝実践＝問題解決≠科学」となり，故に「経営学＝『経営＝実践＝問題解決＝非科学』の科学」となる。何となれば，科学的根拠のある（再現性のある）問題解決など存在しないからである。更にそれは，実践が総合的個別性概念だからである。とすれば実践は最終的には，経営者各自の持論で応ずる他ない。一貫して提唱してきた（辻村，2001）経営手腕のベーシック・モデル，「経営手腕＝MC × N-MC」の残余概念 N-MC は「経営（≠経営手腕）の本質＝管理（MC）」の妨害要因を暗示するのがその狙いで，まさに持論発揮領域と言ってよい。[(1)]

　本小論の研究主題は経営者の主客合一性によって経営の本質たる管理すなわち MC の妨害要因を強調し，畢竟，経営手腕における一人称レベルの持論の重要性を論証することにある。

2　経営者の主客合一性

2.1　経営者の主客合一性を強調していた先行研究

　今一度，バーナード（C.I. Barnard）の指摘「管理職能（①伝達体系の提供②不可欠な努力の確保・促進③目的の定式化・規定）はたんに有機的全体の要素にすぎない」（括弧内及び傍点は筆者）（Barnard, 1938：233 = 1968：243）を想い起こす必要がある。「組織管理」という言葉は，組織と管理との関係把握において広く流布した「組織を管理」と解釈されることが多いが，事実誤認の恐れのある解釈と言わねばならない。眼の位置を経営者（≠経営学者）ポジションに置く実践感覚としては，「組織において組織を管理」「組織をその組織の中で管理」と解釈されるべきであり，"management of organization" ではなく "management in organization" でなければならない。[(2)]それが，「経営者ポジションで経営を論ずる」次元すなわち主客合一次元であり，バーナード・ディメンションなのである。同ポジションでは，自己の精神内におこるいろいろな現象を自分で観察する「内観（introspection）法」（思想の科学研究会，1995：304 抜粋要約）を習慣付けることが持論形成に有効とされ，それは経営学において今後一層定着させるべき概念である（後述）。

　よってバーナードは，「経営管理者自身が組織の一員であって，そのなかで彼らは現実の役割を遂行

しているという，きわめて当然の事実に着目」（傍点は筆者）（稲葉，1984：90）していたのである。彼の組織定義の訳出を巡る，かの「飯野（春樹）vs.加藤（勝康）論争」（1978年）がフラッシュバックする。争点は「意識的に調整された（consciously coordinated）」の「調整主体」の解釈にあった。加藤の指摘，「『管理執行者（executive）によって調整された』と解釈することであろうか。もし，このような常識的な解釈であるならば，バーナードは，あえて"consciously"という表現を追加する必要があったであろうか。（中略）バーナードの想定する組織は，単なる管理の延長された腕としての組織ではなく…」（傍点は筆者）（加藤，1978：89-90）は，本小論とも意味関連が強い。

"consciously coordinated"の訳出については，われわれは暫定的に『新訳 経営者の役割』のような他動詞訳「（管理者によって）意識的に調整された」ではなく，経営者の主客合一性を暗示する野田信夫の自動詞訳「意識的に協合する」（傍点は筆者）（野田，1975：116）を支持する（辻村，2001：160）。それは，組織づくりの主体すなわち経営者が組織の外側に立ち続ける非実践的な視点を回避し得るからである。経営教育（実践）のメタ理論たる経営教育学としては次なる山本安次郎の透徹した指摘，「組織を組織として見る見方は，経営者ないし管理者は組織者として組織の外にあるのではなく，組織の内にあり，経営者自身組織の一員にすぎない。（中略）われわれから見れば，経営者や組織者は明らかに組織に内在的であると共に外在的であり，外在的であると共に内在的でなければならないのである」（山本，1964：241）を基本的命題とし，主客合一性を看過してはならない。経営史学者の由井常彦に拠れば，「1930年代～1940年代の経営者間で主客合一思想の禅仏教が広く影響力を持った[3]」とされていることは実に興味深い。

経営者育成の方法論たる経営教育学にとって主客合一性を基調とすることの重要性は，いくら強調してもし過ぎではない。経営教育の対象者たる学習者が主客合一感覚に辿り着かないと，常に認識対象の外に立っている研究者（評論家）と同一の発想に基づいた非実践的な経営手腕をイメージしてしまう。学習者は自身が研究者の視点に立っていることに気づかず，やがて「既存理論（≠持論）で解く」方式で現実の問題解決に臨むようになる。「分権を集権的に推進する」だとか「自主管理を管理する」という命題内矛盾的な問題解決観を植え付けられてしまうのである。

さすがに経営教育学者の顔をも併せ持つレスリスバーガー（F.J. Roethlisberger）もこのことを見落としておらず，「まことに不思議なことに，他の人々の活動における変化に着手したり，変化を経営したりするその人（≒経営者）自身が，社会システムの一部として，また社会システムと共にあるものとして自らを見ることができないことがきわめて多いのである。このことが，多くの監督者および経営者の『盲点』である」（丸括弧内及び傍点は筆者）（Roethlisberger，1954：190；坂井，1998：190-191）と喝破していた。

2.2　経営学者ポジションのリスク

こと経営事象に関する限り，経営学者が経営者ポジションで経営を論ずる次元というのは非日常的である。が，絶無というわけではない。ニューヨーク州立大学の社会学者ウォーラースタイン（E.Wallerstein）は，「客観性ということで，社会的世界を自らの外で再構築する完全に局外の学者ということを意味するとすれば，そんな奇怪な事があるとは思えない」（傍点は筆者）（Wallerstein，1996＝1996：168），それは「社会科学の分野は，研究対象が研究者自身を取り囲んでいる分野であるだけでな

く，研究対象たる人々が研究者とあれこれ対話したり抗争したりしうる分野だからである」(傍点は筆者)(同上書：99)。故に「社会科学が普遍的知識を探求する行いだとするなら，『他者 Other』は論理的に存在しなくなる。『他者』は『われわれ』—研究対象にして研究主体たるわれわれ—の一部なのだから」(傍点は筆者)(同上書：110)と帰結する。

　ウォーラースタインの指摘を敷衍すれば，より重大なことは，研究者(経営学者)が通常所属する大学組織こそは「研究対象が研究者(経営学者)自身を取り囲んでいる分野＝経営学者が『研究主体にして研究対象』となり得る分野＝経営学者の『組織をその組織の中で管理』する次元」だということである。経営学者が経営者ポジションで経営を論ずる次元は唯一経営学者が所属の大学経営を論ずるところで顕在化する。

　「大学は，最も典型的なルースに結合された組織であること，伝統的な企業組織モデルを行き詰まらせた『あいまいさ』がそこでは顕著であること，さらに今日の私立大学は企業と同様にダイナミックな環境変化にさらされている」から「マーチ・コーエンらの意思決定論，ミンツバーグの戦略論，ワイクの組織論などの新しい経営理論はいずれも大学という組織を研究することから生まれている」(土谷，1996：まえがき抜粋要約)ことを想起したい。経営学者にとっては，自分で自分を観察する内観法(≒「鏡の中の私」状況をつくる)は大学組織がうってつけなのである。

　バーナードの主著は「経営者自ら『研究主体にして研究対象』となった」パターンの成果で，通常の経営学者では見落とす「決定しないことの決定」(Barnard, 1938：194 = 1968：203)現象の抽出などに象徴されるように，これほど内観法を駆使して経営手腕に迫った文献は例を見ない。近代組織論としては同列のサイモン(H.A. Simon)理論とはこの点で一線を画する。野中郁次郎がはやばやと「われわれはBarnard 理論の歴史的役割を十分に評価しながらも，今日の組織現象の説明には彼の概念とその枠組みでは不十分であることを認めざるをえない」(傍点は筆者)(野中，1974：4)と下した評価は，正鵠を射ていない。ミンツバーグ(H.Mintzberg)にして，「(1961 年マッギル大工学部卒後カナダ鉄道オペレーショナル・リサーチ部に就職したミンツバーグは)働いてみてシステムを工学的に設計するのと，そのなかで働くのとはまったく別物だという感を深くした」(丸括弧内及び傍点は筆者)(Mintzberg, 1989 = 1991：「訳者あとがき」592)と言うのである。

　他人には踏み込めない領域が存在する意識を抱くのは，研究対象となる組織に研究者自身が属しているときに限られる。そのときにこそ，われわれは「自分を中心として，その外側にあるもの—客観的に存在するものについて知る＝必然的に客体として叙述」知識(knowledge)ではなく，「自己そのもの，あるいは，自己に内在するもの，つまり主観的事実を学ぶ」知恵(wisdom)が得られる(松原，2003：40抜粋要約)。経営学者はそこではじめて経営と対面でき，経営者が日々何と闘っているのかがわかる。経営実践は結果から見ると選択ミスに見えても，その時はそうせざるを得なかった情況つまり精神的パニック情況の連続，だと推察される。実践的には精神的パニックのような主観的事実を学ぶことがすこぶる重要である。

　旧聞に属するが忘れもしない，カネボウの粉飾決算で有罪が確定した元副社長の複雑な胸中を吐露した法廷発言「カネボウが倒産すれば大きな迷惑がかかり，当時は粉飾せざるを得なかった。いまだにどちらを選択すべきだったか，自分でもうまく解決できない」だとか「平時なら…順法精神を理解できても，企業存亡の有事に実行するには身を切る覚悟がいる」(「試される司法：第 2 部揺らぐルール・下—『会

社のため』は通らない―」『日本経済新聞』2006年7月4日付朝刊）などは精神的パニック情況の象徴的な描写である。

　管見の限りでは，大方の経営学者は「本来，自らも大学経営という磁場で生活している」という自覚に欠ける。

3 持論と一人称性

3.1 　一人称ワールドの持論

　ここはミリオンセラー『般若心経入門』（祥伝社，1972年初版）で著名な，宗教家・松原泰道の科学及び仏教観がすこぶる傾聴に値する。それは，「科学は，対象をすべて経験的に論証し，それを検証しようとする合理的認識を原則とします。仏教もまた，対象を経験的に認識し証明する方法を採りますが，仏教の場合，まず対象が自己そのものです。主体である自己を対象として経験的に認識するところに，一般の科学的方法とはおのずから別次の経験方法が必要となります。（中略）この自分を経験的に認識する方法が，念仏・唱題・坐禅・看経（読経）などの実践（修行）です。"対象を科学"する一般科学と"自己を科学"する仏教とを，文法上の『人称』でたとえると，（中略）一般に科学者は第一人称の『私』であり，研究対象はすべて第二人称，ないしは第三人称です。しかし仏教の"自己の科学"では，自己が自己を研究対象とするのですから，二人称も三人称もありません。すべて一人称の世界です。対象の中に自己を分析し，自己の中に対象を経験するのです。」（傍点は筆者）（松原，2003：302-303）である。

　経営教育（実践）のメタ理論たる経営教育学は，「自己の排除を前提とする通常科学」から「『内観法の奨励』を説く科学」へと進化せねばならない。そこでは，教育学者がtheoristのみならずpractitionerでもあるように，経営教育（実践）と経営教育学の二段構えが必然である（辻村，2017a：84）。「自己（≒もう一人の自分）が自己を研究対象とする，すべて一人称（the first person）の世界」は某経営コンサルタント提唱の，経営の「最大の難敵は自己の心にあり」（斎藤，1996：はじめに）というリアリティーの高い命題と通じる。それは拙著（辻村，2001：170・283）以来唱え続けている「敵は内部」仮説の進化形である。考察ではなく省察（内観），すなわち自分の行為を（臨界的体験すらも）振り返ってみて善悪・是非を考えればこそ，"内部の敵"が「他人（組織メンバー）から自身へ」と超リアリズムの（ドロドロとした）世界に突入するからである。他人事ではない感覚を研ぎ澄ました持論，それも一人称の経営観が要求されるゆえんである。「経営者の苦悩3態＝トラブル・3ディメンションズ」モデル構築(4)（同上書：207）もひとえに一人称レベルの経営観の所産である。

　意外にも，バーナード研究者ですらも取り上げていないのは主著の，「ここに提示したのは，仮説的な枠組であって，私が長年いろいろな組織にたずさわったときに観察したこと，および他の人々の経験によって構想したことを，もちろん社会科学に関する若干の知識によって補足し，さしあたってこれを自分のために概説した（explain to me）ものである」（括弧内及び傍点は筆者）（Barnard, op.cit.：292；前掲訳書：305）という叙述である。バーナード自身の持論を叙述した主著をメンタル・トレーニング目線で再読すると，バーナード理論の新たな地平が見えてくる(5)。

3.2　経営者の自己能力観（自己対決姿勢）

　元ハーバード・ビジネススクール MBA コース主任でケース・メソッド教授法の研究者として知られたハウアー（R.M. Hower）は「（経営者が失敗した場合）他人の行為を責めたり，環境や不運のせいにしたり，つまりわれわれ自身以外のものなら何であれ責めたがる」のは「外に立ちっぱなし（の姿勢）」故である（Hower, 1953：110；坂井・辻村，2000：115 抜粋要約）と言い，更に「問題の原因は，諸君（経営者）自身の態度，諸君自身の先入観，他人との関係を適切に保ち得なかった諸君自身の失敗にあることが多い。私が，結局は，問題は諸君である（The problem is you.）」（傍点及び括弧内は筆者）（Ibid.：111；同上書：117）と，自身の経営観を披瀝している。それは，経営者の真の実践能力を経営者の自己能力にではなく自己能力観に求めんとするわれわれの考え方と近似する。

　かくして，今までシニカルなエッセイの中でしか取り上げられなかった「私のアドヴァイスは，私のアドヴァイスなど受け入れないほうがいいということである」（Farson, 1996 ＝ 1997：242）というような命題内矛盾のアドバイスが，実は経営手腕の習得に有意なヒントを提供してくれる。これは米国の著名な行動心理学者ファースン（R. Farson）の“妙なアドヴァイス”であるが，経営教育の本質を突いている。教育や指導というと「理論で解く」ことをイメージしやすいが，ファースンは「私は行為や行動を要求することそのものが問題の一部であると考えており，解決策とはみなさないからである」（傍点は筆者）（同上書：245-246）と，箴言的命題をリリースする。

　ファースンによれば，例えば「人間関係のテクノロジー」という発想には以下の理由で問題視される。第一に「それが一つの『テクニック』であることが誰の目にも明らかになれば，その威力を失うからである」（同上書：48）。かつてわが国でも「ニコポン管理」がそうであった。第二に「不満の解消≠満足，＝不満ではない」というだけで，それをファースンは「期待水準が高まることのパラドックス」（同上書：135）と言い，「民主化が進むほど不満は高まる」（同上書：135）というアナロジーを基にして新たな不満発生を強調する。第三は，「他人（部下など）を変えることよりコンサルタントを依頼した当人が変わった方が生産的である」（同上書：125-126 抜粋要約）と考えるからである。第四に，「『人間関係の専門家』などという専門家は邪道だ」（同上書：222-223 抜粋要約）とファースンは言う。以上，いずれも認識対象の外側に立ちっぱなしで問題解決する際の陥穽である。

　バーナードの組織の新訳定義に見られるような「活動・諸力を調整する」感覚では「組織を管理する」感覚と同様に組織の外からの立場に立っているため，自分の能力を自分でどう評価するかという経営者の自己能力観（≠自己能力）が経営手腕に反映してこない。経営者は自身でつくった組織に自ら入ることになるため，自己の能力に鑑みて組織をどういう形態にするかと苦悩する経営者の自己対決姿勢の視点があるか否かは，理論の実践性を大きく左右する。組織論では，いっそのこと「組織工学」と改名した方がよいと思われるほどに様々な組織形態が提唱されているが，経営者の自己対決視点を欠く組織論は“拙速な形態模写”と言う他ない。組織の外に立った視点からの組織論を実践にそのまま応用しようとすれば，その限りにおいてマニピュレーション（操作）だという非難は免れ得ないであろう。ここにおいて「何のための組織論なのか？」という問いの意義は深い。組織の外側で構築される組織論はたとえミクロ組織論であっても，経営実践からすればマクロ的視点に立った組織一般の長期トレンドのための説明原理であると言わざるを得ない。しかるに，トレンドは問題解決行為では断じてない。故に「組織論を活用して経営する」という営みも幻想で，その意味で理論と実践とは異次元にある。

3.3　学習者の学び方を教える：増田（2009）による批判に対して

　冒頭，「経営学＝『経営＝実践＝問題解決＝非科学』の科学」で実践は最終的には経営者各自の持論で応ずる他ない，と明言した。とすれば3.2より，その持論は「外を変化させる」ことにではなく「内を変化させる」ことに見出だすべきである，と演繹し得る。「〔仮説〕経営手腕の真髄は『他人を変える』ことにではなく，実は『自身が変わる』ことにあり，究極の実践とは自己の成長にある」（辻村，2001：175）誕生のゆえんである。清水龍瑩が経営者に関する膨大な調査研究から，自らの気持ちを従業員に伝えるために経営者は「自分が本当にバカになること」（清水，1997：15）が必要だというやや過激な規範的命題を唱えているが，実践の究極を伝えている。ハウアーが「他人を理解する能力は，諸君自らが自分をどれだけ理解しているかに大いに依存している。『高等経営講座』ならびに『経営実践』における討論から諸君が得たものの一つは，自分自身のより一層の理解であったのではないかと私は考えている」（傍点は筆者）（Hower, op.cit.：110；坂井・辻村，前掲書：116）と言ったのも，「究極の実践＝自身が変わること」に主眼を置いていたからに相違ない。

　かくして経営教育では，インストラクターは「学習者に学び方を教える」ことが不可欠である。「自己が自己を研究対象とする＝観察する」という内観法の大切さを学習者に伝授することが何にも増して重要となる。組織上層部にいる者ほど失うものが増え，私心が強くなり組織づくりに危険が伴うということを，良質なケースで疑似体験させ得る経営者育成法でなければならない。経営教育学の理論的な成熟はそういう工夫から始まる。自分だけ相互作用の外に身を置いて陣頭指揮する“用兵思想”的な経営実践など幻想に過ぎず，“組織工学”的な組織論に多くの期待を寄せることはできない。組織論が実践度を高めるには，「①経営者の力量が客観的に不足する→②それを経営者自身がどう認識するか（＝自己能力観＝自己対決）→③組織形態が決まる」というプロセスが重要で，②いかんで院政，摂関政を敷くこともあり得る。

　ケース・メソッドにおけるケース解釈の際に学習者は「誰かの言葉を引用するのではなく自分の言葉で語ることが重要」（松原，前掲書：41-43抜粋要約）で，でないと「それは，ただしゃべらされたり，書かされているだけに（中略）すべてが空しく」（松原，2003，41-43）なる。故に「先ず主観を磨く」という意味での“subjectivism”（主観・主体・当事者主義）が大切で，経営手腕の探求はおそらく「自分を定義する」ようなものと思われる。ある意味で自己の弱さ・醜さと対面する（無自覚的自己について自覚的になる）内観法は，自分は他の誰とも違い，また，その自分であることをやめるわけにはいかないという（思春期の自我体験のような）強烈な自覚に常に襲われる経験と近似しよう。

　かつ内観法は，スポーツ界で心を鍛える方法として本格的に取り組まれているメンタル・トレーニングにも通ずる育成法と言って良かろう。メンタル・トレーニングの第一人者・高畑好秀の「心と体は密接に影響し合っていて，切り離すことができない。たとえば幅50センチの板が地面においてあれば誰でもその上を歩けるが，それが地上10mの高さに渡してあると歩けないのと同様に，スポーツの場面でも，練習中は当たり前のようにできるプレーが試合の時には出せなかったりするのもこの心の部分が影響している」（高畑，2002：218抜粋要約）との指摘は[6]，ケース・メソッド教授法に大いに参考になる。

　ボクシングの世界では「ジム・チャンピオン」なる蔑称（＝多くのワザを知っているのだが勝てないボクサー≒“理論で解く”志向）があり，こういう選手にはメンタル・トレーニングが効果的である。ボクシングというスポーツでは試合前，誰しも恐怖感に襲われる。故に某元チャンピオンは言う，「実際の

リング上で出せる技術のみが真の技術であって，『練習では強いんだけどハートが…』という言い訳が通用するのは最初だけ。結局はそれが選手の実力になる」（尾崎，1995：102 抜粋要約）と。更に「実際のリング上での緊張感をイメージするのだが，初めは自分と相手の試合を外から見ているようにしかイメージできないが，そのうちイメージの自分とが同化するようになる。…正確にイメージできるようになるとマッスルメモリーといって実際に運動した時のように筋肉に記憶されるという。緊張感に馴れるだけでなく，トレーニング効果もある。神経質だったという具志堅用高さんは試合後にガッツポーズする自分の姿をイメージして緊張感をやわらげたというし，名選手はみんな自分なりのメンタル・トレーニング法を持っているものだ，"恐怖を友達にして"リングに上がったタイソンのように…」（同上書：102 抜粋要約）と推奨する。経営教育の代表的ツール，ケース・メソッド（によるメンタル・トレーニング）活用法にも参考にしたい。

　最後に，学習者の学び方（≠既存理論）を教える本節も前稿（辻村，2017a）に続き，「増田茂樹による批判」（増田，2009：56）に対する反論に充てたい旨付言しておく。

4　結：「三人称ケース」を超えて

　「経営学者が企業経営を論ずる場合」（三人称経営学）と「経営者がそれを論ずる場合」（一人称経営学）との相違は言わば，「第三者として論じる危機管理理論」と「自らも被害者である場合のそれ」との懸隔に匹敵しよう。日産 CEO・カルロス・ゴーン（Carlos Ghosn）の名言「答えは（理論のなかにではなく）日産のなかにある」（括弧内及び傍点は筆者）（小宮，2001：58）などは，"一人称経営学"ならではの持論と考える。

　したがって内観法とは真逆の"三人称経営学"では，それがたとえ工夫を積み重ねたフィールド・リサーチの産物であったにしても限界はあろう。社会学者の畠中宗一らは，「仮にジャズミュージシャンと共にマリファナを吸ったりオートバイで一緒に暴走し一時的当事者になり得ても，ひとたび研究活動を始めれば理論的一般化を目指して，当事者同士より学会コミュニティのほうに顔を向け…」（畠中他，2004：161 抜粋要約）と言う。ケース・メソッドにおいては編年体（≠紀伝体）の三人称ケースは経営教育効果が薄い。これについては別の機会に譲りたい。

〈注〉
(1) なお，従来の「MP × N-MP」から「MC × N-MC」へと表記を変更した。「MP = Management Process」から「MC = Management Cycle」への変更である。主たる理由は，目下経営手腕の管理（MC）と非管理（N-MC）のダブルサイクル表示のモデル化を模索中のためで，両者に概念的差異はない。「経営の本質＝管理＝ MC」であるのに対して「経営手腕の本質＝非管理ゾーン＝ N-MP」と概念規定するのが同モデルの最重要ポイントであることに変わりはなく，詳細は（辻村，2001・2016・2017b）を参照されたい。
(2) 稲葉元吉の文献リサーチに拠れば，早くから「organization は伝統理論では management 過程の一環とされていた」のが「現代理論では逆に organization は management を吸収するに至った」（稲葉，1984：87-91 抜粋要約）ことがわかる。
(3) 日本の財閥・大会社における経営者の多くは旧制高等学校と大学教育においてカント哲学やキリスト教の人格主義教養の持ち主で，それらがリーダーシップの根拠でもあった。が，こうした二元論の哲学は資本と労働，階級の対立，個と全体そしてドイツの経営経済学になじみやすい反面，日本の労資一体論になじみ難かったと言える。これに反して 1920 年代以来日本に成長した京都学派の哲学は人格主義・理

想主義を標榜しつつも西洋の二元論・対立的思想を排し，東洋的な一元論の哲学の擁立を特徴とし，結局はキリスト教よりも禅仏教的な西田幾多郎の絶対矛盾の自己同一や鈴木大拙の主客一体の思想に帰結した。こうした対立よりも調和，矛盾よりも統合を強調する哲学は大企業における経営観においても親和的であったことは明らかである。岩崎小弥太はじめ三菱の経営者や藤原銀次郎らも禅仏教を学ぶようになり，松本和（資生堂），豊田喜一郎（豊田紡織，豊田自動車）ら参禅する経営者も現れた。かくして当時の大企業の経営者たちが資本主義的な困難に直面し，直観的に経営一体観に解決を求め，そのための根拠を東洋の伝統的思想や禅仏教に求めたことは否定できない。日本の大企業の進化的成長，日本的経営システムの発展は二元論的対立の思想でなく，東洋的な一元論的思想と結びついた事実が重視されるべきである（以上，由井，2004：106-109 抜粋要約），とある。

(4) メタファー思考重視の筆者は，学習者に構築させる「持論，それも一人称経営観」には人生の非合理的要素によって修辞される「格（金）言」の類いや，「組織とかけて魚ととく，そのこころはどちらも頭から腐る」などの "噺家のなぞかけ" や "サラ川（サラリーマン川柳）" すらも有効だと考えている。

(5) ちなみに筆者はバーナード理論の新たな地平として本気で，「Barnard『経営者の役割』≒宮本武蔵『五輪書』」仮説を裏付ける論理的コネクションを考察中である。契機となったのは代表的な武蔵研究者による，「（『五輪書』は）自己の経験を自分のことばで，平易に極めて具体的，実践的に記している。合理的かつ実利的なわざから道に及び，オリジナルな哲学，思想とも成っている。（中略）あくまで実践を重んずる」（丸括弧内及び傍点は筆者）（寺山，1984：17）や「今まで一生懸命に兵法の道を外に向かって求めてきたが，何のことはない，求めている自分の心がそのまま兵法の理であり，道であったと気づいたというのである」（傍点は筆者）（同上書：27）などの指摘で，それは柳生家に伝わる『兵法家伝書』とは質が全く異なる。

(6) 旧ソ連が 1950 年代スポーツにおいて応用し始めたのが最初で，旧東ドイツも導入しオリンピックで金メダル数を共産主義国は飛躍的に伸ばした。危機感を感じた米国も導入し，今日スポーツ科学のコアとなっているが，日本での導入は遅れる。スポーツの心技体のうち先ず研究されたのが技術面のバイオメカニクスの分野，次に体力面の体力トレーニング理論の分野へと移るが，その遅れは日本のスポーツ界がメンタル・トレーニングとは異なる精神論的な練習を取り入れていたため（以上，高畑，2002：218 抜粋要約）とされるが，どこかわが国経営学のベクトルの方向と近似している。

〈参考文献〉

稲葉元吉（1984）「Business Administration の概念をめぐって」『横浜経営研究』第 4 巻第 4 号，pp.80-97。

尾崎恵一（1995）「リングの中からの報告書　メンタルトレーニング」『ワールドボクシング』1995 年 10 月号，日本スポーツ出版社，p.102。

加藤勝康（1978）「書評：飯野春樹著『バーナード研究』（文眞堂，1978 年）」『商学論集（関西大学）』第 23 巻第 2 号，pp.77-90。

小宮和行編（2001）『カルロス・ゴーンの「答えは会社のなかにある」』あさ出版。

斎藤公一（1996）『継承道』マネジメント新社。

坂井正廣（1998）「フリッツ・レスリスバーガーの経営技能論Ⅰ：『経営者の活動領域と技能』（フリッツ・レスリスバーガー）の翻訳と解題」『青山経営論集』第 33 巻第 1 号，pp.181-196。

坂井正廣・辻村宏和（2000）「経営者の条件：ラルフ・ハウアーの所説を中心として」『政經論叢（國士舘大学）』第 112 号，pp.101-137。

思想の科学研究会編（1995）『新版　哲学・論理用語辞典』三一書房。

清水龍瑩著，総合経理研究所編（1997）『中小企業のための社長業の条件』税務経理協会。

高畑好秀（2002）『メンタル強化バイブル』池田書店。

辻村宏和（2001）『経営者育成の理論的基盤─経営技能の習得とケース・メソッド─』文眞堂。

辻村宏和（2016）「経営教育学序説─概念と要件，そしてケース・メソッド─」『経営教育研究』第 19 巻第 1 号，学文社，pp.27-37。

辻村宏和（2017a）「経営教育学序説─山城『実践経営学』概念の必要性─」『経営教育研究』第 20 巻第 1 号，学文社，pp.77-87。

辻村宏和（2017b）「経営学の "実践性" と経営者育成論（経営教育学）の構想」経営学史学会第 25 回全国大会『予稿集』pp.11-20。

土谷茂久（1996）『柔らかい組織の経営─現代社会のあいまいさにどう対応するか─』同文舘出版。

寺山旦中 (1984) 『五輪書 宮本武蔵のわざと道』講談社。

野田信夫 (1975) 『経営学』ダイヤモンド社。

野中郁次郎 (1974) 『組織と市場』千倉書房。

畠中宗一・清水新二・広瀬卓爾編著 (2004) 『社会病理学講座4 社会病理学と臨床社会学』学文社。

増田茂樹 (2009) 「実践経営学と経営財務の理論」日本経営教育学会編『講座／経営教育1 実践経営学』中央経済社，pp.40-58。

松原泰道 (2003) 『般若心経入門―276文字が語る人生の知恵―』祥伝社。

山本安次郎 (1964) 『増補 経営学要論』ミネルヴァ書房。

由井常彦 (2004) 「日本的経営の思想的基盤」経営学史学会編『経営学を創り上げた思想』文眞堂，pp.91-112

Barnard, C.I. (1938) *The Functions of the Executive*, Harvard University Press.（山本安次郎・田杉競・飯野春樹訳 (1968) 『新訳 経営者の役割』ダイヤモンド社）

Farson, R. (1996) *Management of The Absurd : Paradoxes in Leadership*, Touchstone Book.（小林薫訳 (1997) 『パラドックス系―行動心理学による新ビジネス発想法―』早川書房）

Hower, Ralph M. (1953) "Final Lecture, Advanced Management Program", Kenneth Andrews ed., *The Case Method of Teaching Human Relations and Administration*, Harvard University Press, pp.94-111

Mintzberg, H. (1989) *Mintzberg on Management : Inside Our Strange World of Organizations*, The Free Press.（北野利信訳 (1991) 『人間感覚のマネジメント』ダイヤモンド社）

Roethlisberger, F.J. (1954) "The Territory and Skill of Administrator", in Roethlisberger (1968) *Man-in-Organization*, Harvard University Press, pp.182-195

Wallerstein, I. (1996) *Open the Social Science : Report of the Gulbenkian Commission on the Restructuring of the Social Sciences, Mestizo Spaces*, Stanford Univ. Press.（山田鋭夫訳 (1996) 『社会科学をひらく』藤原書店）

Introduction to Management Education: Personal Theories of Managers Cultivated by Their Unification of Object and Subject

Chubu University

TSUJIMURA Hirokazu

ABSTRACT

Business management is a practice, not a science. The interpretation of a practice as troubleshooting translates into the definition of management both as a practice and troubleshooting, but not a science. Therefore, business administration is, in essence, a non-scientific field of study dealing with practices and troubleshooting. No troubleshooting is reproducible because any such practice lacks a scientific basis. Ultimately, each practice is a synthesis of individual concepts that requires managers to apply their personal theories. In a basic model that I have been advocating, management skills are expressed as a product of the management competence (MC) and non-management competence (N-MC). The latter N-MC is intended to represent factors obstructing MC. At this level, individual theories play major roles. The main objective of this paper is to demonstrate the importance of individual theories that underpin skills of managers who practice unification of object and subject by highlighting factors obstructing competency in management as an important part of business administration.

研究論文

農外参入企業のマネジメントは優れているか？®

岩手大学　木下　幸雄

🔑 キーワード

農業参入　農業法人　農業経営の企業化　経営者能力　企業成長

---

1 研究の背景と目的

　長い間，日本農業は小規模な家族経営の形態をとってきた。小規模な家族経営形態は環境変化への適応力が弱く，激しくなる競争環境下において，生産者より経営者として農業者が自己革新を遂げるとともに，農業経営体は家族経営から企業経営への転換を図ることが農業経営の基本的課題となってきた（木村，2004，2008）。ところが近年，農業構造は大きく変化を遂げている。例えば2015年の統計によれば，経営体総数の6割を占める農産物販売額規模100万円未満層が農産物販売総額シェアでは5%足らずであるのに対して，3,000万円以上層はその数では3%に過ぎないものの，農産物販売総額の5割を占める。すなわち，経営体数の点では確かに小規模に偏った農業構造であるが，経営構造から見れば農業の担い手はごく少数の大規模経営体に集中しているのである。

　高齢化などで家族経営が急減する中，法人経営体は過去10年で2倍以上に増加し（2015年で18,857法人），その農産物販売総額シェアも3割近くまで拡大させながら，若い農業者の受け皿にもなり存在感を増している（農林水産省，2017）。かつては畜産経営で企業化が進んできたが，近年では耕種経営（稲作，野菜作，果樹作など）の法人化が顕著で，2015年には稲作経営法人が畜産経営法人を上回る数となった（**図表1**）。農業法人といってもその性格は多様である。農家が個別または数戸で発展的に法人化した企業（主に株式会社または有限会社），地縁的に農家が集まって農地保全を図る集落営農として組織化した企業（主に農事組合法人），農家以外の事業主体が新規事業として農業を営む企業などのケースがある。

　とりわけ，2009年の改正農地法による規制緩和が後押しとなり，改正前の6倍のペースで一般法人が農業経営に参入し，その数は2016年末時点で2,676法人にのぼる（**図表2**）。このうち農業・畜産業以外からは2,097法人で，食品製造業，食品卸・小売業，外食産業，建設業，NPO法人などの業務形態が多い。また，主な参入動機を見ると，地域貢献とその評価に伴う受注機会の拡大（主に建設業），本業商品の高付加価値化・差別化（主に食品関連産業），経営の多角化や雇用対策といった新たな事業機会の獲得あるいは経営資源の有効活用などといった企業としての参入意義をうかがい知ることができる（渋谷，2009，日本政策金融公庫，2013）。こうした，いわゆる農外参入企業には大手有名企業から地域の中・小企業までが幅広く含まれており，一つのイメージで語ることは難しいが，例えば新潟市や兵庫県養父市などの国家戦略特区では，農外参入企業による農業ビジネスの活発な展開が注目を集めている。

図表1　営農類型別法人経営体数の推移　　　図表2　改正農地法施行後の一般法人数の推移

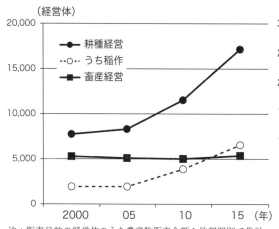

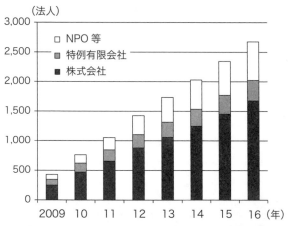

注：販売目的の経営体のうち農産物販売金額1位部門別で集計。
（出所）農林水産省『農林業センサス』各年版（組替集計）

（出所）農林水産省経営局調べ（http://www.maff.go.jp/j/keiei/
koukai/sannyu/attach/pdf/kigyou_sannyu-8.p）

　しかし，このように新興する農業法人，特に農外参入企業について，その農業におけるマネジメント[3]にまで立ち入った研究はこれまで部分的・断片的なものにとどまっている[4]。例えば，本業で培った近代的マネジメント手法を農業にも導入することを期待するもの（渋谷，2009，日本政策金融公庫，2013，納口，2013），しかし実際には農外参入企業であっても，マネジメント体制は未熟のおそれがあると指摘するもの（渋谷，2011，山本，2010）といった程度である。従来的な農業経営と比べて農外参入企業は，本業でのビジネス経験の活用や厳しい経営判断があるために，一層高いマネジメント水準が要求されるはずであり，農外参入企業の農業マネジメントに関する研究によって，冒頭で述べたような農業経営の基本的課題（企業経営への転換）に対して有効な示唆が得られるとの見方がある（納口，2013）。

　そこで本論文では，農業構造の変化に直面している農業経営の基本的課題に照らし合わせて，法人だからといって果たして，経営者としての能力は担保されているか，生業と事業（あるいは家計と経営）が分離し企業への転換を遂げつつあるか，生産だけでなく販売にも力点を置いた活動となっているか，などを調査しながら，農外参入企業のマネジメントにおける優位性について検証する。農業部門のマネジメントに焦点を当てた体系的な研究を進めることは，従来的な農業経営に対する示唆を見いだすためだけでなく，農外参入企業それ自体の客観的な評価を深めるためにも意義があると考える。

2　研究手法

2.1　研究の仮説と対象

　以上の問題意識から，農外参入企業のマネジメントは優れているか，また，どのように優れているか，を本研究のリサーチ・クエスチョンとする。研究対象には，最近に農外から農業に参入してきた企業（本論文では農外参入企業と呼ぶ）と，その比較対象として最近に個別農家あるいは農家集団が設立した農業法人を取り上げる。ただし，作目の点では畜産経営を除き耕種経営のみを対象とする。前節で述べたように，近年，耕種経営法人の増加が著しく，すでに企業化を進めてきた畜産経営法人よりも，企業としてのマネジメントのあり方が新たに問われていると考えられるからである。

2.2　調査方法

　農外参入企業を個別に把握できる公の情報は存在せず，その所在を網羅的に把握することはほぼ不可能である。そこで，本研究では民間信用情報機関のデータベースを利用して，近年に農業を始めた企業・団体の住所録を作成した上で，アンケート調査を実施し，その回答内容にもとづき農外参入企業を選別した。具体的には，下記の手順で調査を進めた。まず，「アグリビジネス（農業）に関する調査」（帝国データバンク，2010）をもとに 94 の企業をリストアップし，また㈱東京商工リサーチの TSR 企業情報ファイルをもとに 2012 年 7 月以降に初めて耕種農業を始めた企業・団体として 483 を抽出した。

　次に，これらに対して郵送書き込み式のアンケート調査を行った。配布・回収期間は 2016 年 2 〜 3 月，配布数は 577，回収数 188（回収率 32.6 ％），有効回答数 135（有効回答率 71.8 ％）であった。さらに，有効回答のうち耕種経営に絞った 124 のサンプルを本論文の分析対象とした。調査内容は，出資関係や経営概況のほか，人的側面（経営者能力），組織的側面（経営目的，経営戦略），管理的側面（マーケティング，労務管理，会計管理，作業管理）から，農業部門におけるマネジメントの実践を問うた。

　そして，出資関係の調査結果をもとに，分析サンプルを農外参入群と農家出自群とに二分した。通常，非農業種からの農業参入の組織として，一般の既存企業における新規部門，あるいは農業のための子会社がある。前者の場合，出資に農家は関わらないが，子会社設立であれば，既存企業の単独出資の形だけでなく，効率的な資源調達（農地，技術ノウハウなど）や地域との調和を図るために，農家との共同出資の形態もありうる（田中，2016）。制度上，農家との共同出資による農外参入企業は，農家が経営上の意思決定にも関わることができる[5]。したがって，出資形態の違いに応じて，①非農業種企業の単独出資である企業（「農外参入群」と名付ける），②農家の単独出資，あるいは農家と非農業種企業との共同出資の形をとる企業（「農家出自群」と名付ける）の 2 群にサンプルを分けた。分類の結果，農外参入群 83，農家出自群 41 となった。このような分類法は，従来の農業セクターの関与による性格の違いを明確にするのにふさわしいものと考える。また，母集団規模（**図表 1** より耕種法人経営増加分の 6,000 程度と推定）に対して分析サンプル数は少なすぎるおそれがあるが，サンプルの代表性については次項で吟味する。

2.3　分析サンプルの経営概況

　図表 3 は分析サンプルの経営概況を示す。農外参入群と農家出自群とを比較して統計的有意差が確認された点は，農業法人経過年数，企業形態，正社員 1 人当たり農産物販売額，総売上高に占める農業部門割合である。要約すると，農外参入群では，株式会社として参入後 10 年程度と比較的年数が浅い中で，やや多くの労働力をもって一般的には収益性の高い作目（野菜，果樹など）を導入しつつも，その売上額は事業全体の半分程度にとどまっているようにみえる。他方，農家出自群では，株式会社だけでなく農事組合法人も比較的多く，法人化後 18 年と農外参入群の約 2 倍の期間が経過し，少ない労働力のもとで一般的には収益性の低い作目（稲作，豆・麦類）を展開して，その売上額は事業全体の 7 割以上と農業に対する依存度が高いようである。最近，集落営農の法人化が著しく，その典型は稲作を主作目とする農事組合法人であるため[6]，農家出自群には集落営農がある程度含まれると推測される。

　全体としては株式会社が多く，主作目は稲作か露地野菜で，農業部門の売上規模は約 6,000 万円である。ただし，正社員 1 人当たり農産物販売額は，農外参入群が約 500 万円，農家出自群が約 1,200 万円と 2 倍以上の開きがある。また，公的な統計を参照したところ，企業形態，主要作目，労働力規模，労

経営教育研究 Vol.21　No.1

図表3　分析サンプルの経営概況

	農外参入群 (N=83)	農家出自群 (N=41)	全　体 (N=124)
農業法人経過年数（年）[a]*	9.8	18.0	12.5
企業形態 [b]**			
株式会社（特例有限会社含む）	85.5%	65.9%	79.0%
農事組合法人	2.4%	26.8%	10.5%
その他	12.0%	7.3%	10.5%
主作目（複数回答）			
稲作 [b]	33.7%	51.2%	39.5%
豆類 [b]*	4.8%	19.5%	9.7%
麦類 [b]*	3.6%	17.1%	8.1%
露地野菜 [b]	36.1%	41.5%	37.9%
施設野菜 [b]	32.5%	24.4%	29.8%
果樹 [b]	22.9%	19.5%	21.8%
農産物販売額（千円）[a]	60,279	63,719	61,416
正社員数（人）[a]	12.2	5.2	9.8
正社員1人当たり農産物販売額（千円／人）[a]*	4,952	12,208	6,244
総売上高に占める農業部門割合（%）[a]*	54.3	74.1	60.8

（注）aはマン＝ホイットニーのU検定，bはカイ二乗検定を行った。
　　　*は5%水準，**は1%水準で両群間に有意差があることを示す。

働生産性の点で重大なバイアスは確認されなかったため，妥当なサンプリングであると判断した。[(7)]

2.4　　分析の枠組み

　本研究の焦点は，家族経営から企業経営への転換という日本農業が抱える基本的課題を見据えながら，農外参入企業のマネジメントの特徴を析出することにある。従来的な家族農業経営はイエと事業の複合体であり，企業農業経営への転換に向けては家計・生活と経営・事業の分離が根本問題となっている。また，法人化して形式的には企業になったとしても，企業経営としてのマネジメントが必ずしも実践されるとは限らないことにも注意しなければならない。したがって，農業経営の企業化には，その内実，すなわち時間的近代化（非仕事時間と仕事時間の区別），経済的近代化（家計と事業会計の区別），職能的近代化（家族関係と組織上の人間関係との区別）が伴わなければならない（木村，2004）。

　本論文では，農業者が経営者としてふさわしい経営者能力を備えているか，農業経営が企業経営に足りる経営目的・戦略を採用しているか，労務管理，会計管理，作業管理の点で企業化がどれほど進展しているかについて検討する。また，農業分野ではプロダクト・アウトの傾向が根強く，マーケット・インの発想は未だに弱いという問題を抱えているため（大泉他，2016），農産物製品の特徴に着目したマーケティングも検討に加える。こうした観点で，農業法人を農外参入群と農家出自群とで比較分析する。

3　分析結果と考察

3.1　経営者能力

　木村（2004）によれば，農業経営の成長にとって経営者能力は重要であり，経営者機能に応じて，企業者能力，適応者能力，管理者能力の3つのカテゴリーに整理される。本研究でも，この整理に沿って

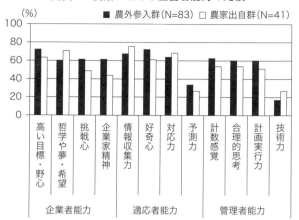

図表4　農業における経営者能力の比較

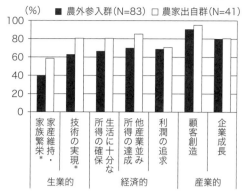

図表5　農業における経営目的の比較

（注）カイ二乗検定を行ったが有意差がある項目はなかった。

（注）カイ二乗検定を行い，＊は5％水準の有意差。

経営者能力を把握した。**図表4**は，各能力項目について5段階のリッカート尺度（全く思わない・そう思わない・どちらともいえない・そう思う・強く思う）で回答者による自己評価を行い，その上で，「そう思う」と「強く思う」の回答を統合し，肯定的な回答としてその割合を集計したものである。

総じて，農外参入群のほうが経営者能力はやや高い傾向にあるものの，両群間で統計的に有意差のある能力項目はなかった。企業経営でのビジネス経験ゆえに，農外参入群に対して優れた経営者能力が期待されたが，そうした期待通りの結果は明確には得られなかった。細かくみれば，企業者能力のカテゴリーでは「挑戦心」と「企業家精神」，適応者能力のカテゴリーでは「好奇心」について農外参入群の回答割合が，農家出自群よりも10ポイント以上高く，「高い目標や野心」についても高い。「挑戦心」と「企業家精神」は，農業界に欠けてきたものとされ（木村，2008），農外参入企業に特徴的であるとみられる。一方，「哲学や夢・希望」は農家出自群において顕著で，農外参入群を約10ポイント上回った。

ただし，全能力項目の平均割合は両群とも55％程度であり，農業法人の経営者であっても能力水準がそもそも高くないと言わざるを得ない。3つの能力カテゴリーのうち管理者能力は相対的に低く，特に「技術力」は両群とも20％程度と極めて低い。農業経験が浅い農外参入群の「技術力」の低さは理解しやすいとしても，農家出自群でさえ「技術力」が低いのは重大な問題である。いずれにしろ，管理者能力の向上は両群に共通したマネジメント上の課題と指摘できよう。

3.2　経営目的

農業における経営目的は，生業的目的（「家産維持・家族繁栄」，「技術の実現」）から，経済的目的（「生活に十分な所得の確保」，「他産業並み所得の達成」，「利潤の追求」）へ，さらに産業的目的（「顧客創造」，「企業成長」）に向かって高度化すると考えられている（木村，2004）。こうした目的段階説にもとづき，**図表5**のように経営目的を把握した。回答の集計方法は，前項の経営者能力の場合と同様である。

総じて，生業的目的や経済的目的といった低・中度のカテゴリーにある経営目的は，農家出自群において顕著であった。これは，企業の組織としての価値や成長よりも，個々の農家としての生活・生業が優先される傾向を反映したものと考えられ，また，既に述べたように農家出自群において農事組合法人が比較的多いこととも関係している。最近に設立された農事組合法人の典型は，営利追求のための農

企業ではなく，地縁的に農家が集まって農地保全を図る集落営農が法人化したものとみられるからである。

両群間で統計的に有意差があった経営目的は，「家産維持・家族繁栄」と「技術の実現」で，農家出自群で高い回答割合を示した。「生活に十分な所得の確保」と「他産業並み所得の達成」でも，農家出自群は農外参入群と比べて10ポイント以上高い割合であった。一般産業界から参入した企業に対しては，特に産業的目的という高度なレベルでの経営目的が期待されたため，「顧客創造」や「企業成長」の回答割合を両群間で比較したが，両群とも80%以上と高い水準を示し，顕著な差はみられない。

3.3 経営戦略[3]

経営戦略を把握するため，次の内容（17項目）から該当するものを4項目以内で回答を得た。すなわち，事業規模（規模拡大，現状維持，規模縮小），資本集約化（機械・施設の導入，先端技術の導入，施設栽培の導入），複合化・多角化（新作目の導入，新商品の開発，営業活動の強化，農産加工部門の導入・拡大，兼業化），事業合理化（事業部門の見直し，外部委託），人材確保（優秀な労働力の確保），外部環境への対応（地域への貢献，環境保全型農業の推進，価格リスク対策）である。調査の結果，実際に重点を置いている経営戦略は多様であったため，回答割合上位8項目のみを集計し**図表6**にまとめた。

両群とも「規模拡大」，「機械・施設の導入」という事業規模や資本集約化，それと同時に「新商品の開発」，「営業活動の強化」，「農産加工部門の導入・拡大」という事業多角化が目立つ。ポーター（1985）流にいえば，これらの戦略内容はそれぞれ，コスト・リーダーシップ戦略で国際競争力の強化を図る方向性と，差別化戦略で国内マーケットの競合状況に対応しようとする方向性を反映していると解釈できよう。また，「優秀な労働力の確保」は両群に共通して重視される戦略であるが，これは資本集約化や事業多角化など農業における従来からの経営戦略とは趣が異なるものである。高齢化や後継者不足が深刻な農業分野では，人的資本に対する投資，すなわち人材育成が重要となりつつあることがうかがえる。

各群に特徴的な経営戦略は総じて少ない中，「機械・施設の導入」だけは両群間の統計的有意差が確認され，農家出自群の回答割合が約30ポイントも上回った。ここからも，水田農業（稲作・麦豆類）において規模拡大を図りながら機械・施設の導入を進める集落営農の姿が推察される。「営業活動の強化」

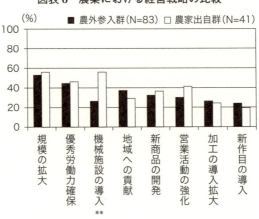

図表6 農業における経営戦略の比較

（注）カイ二乗検定を行い，**は1％水準の有意差。

も農家出自群の回答割合が10ポイント以上高い。一方,「地域への貢献」は農外参入群において特に重視される戦略であり,農家出自群よりも回答割合が8ポイント上回った。やはり,地域との調和は,農外参入企業にとって成功のための1つのポイントとなっているようであり,特徴的な戦略と考えられる。

3.4 マーケティング

前項の経営戦略では,「新商品の開発」,「営業活動の強化」などマーケティングも重視されている結果が得られたが,自社の農産物製品の特徴について図表7で示した項目から得られた回答をもとに,マーケット・インの発想をみておきたい。両群とも「安全・安心」が70％前後と回答割合は格段に高いが,それ以外の特徴点についてはあまり目立つものがない。「採れたて新鮮」,「基準・規範」,「形状・外観」,「稀少性」を特徴として挙げる割合が農外参入群でやや高い一方,農家出自群では農産物の特徴について「特になし」との割合が高く,両群間で有意差も確認された。総じて,食品である農産物の売りは安全・安心に偏っており,とりわけ農家出自群ではマーケット・インの発想に乏しいことがうかがえる。販売チャネルを農協に大きく依存し個々のマーケティング活動が弱い傾向にある農家出自群とは対照的に,コメ以外の作目で製品差別化を志向しつつ,独自の販路開拓に取り組んでいる農外参入群の姿が推察される。

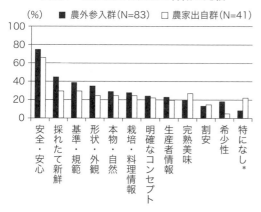

図表7 自社農産物製品の特徴の比較

（注）カイ二乗検定を行い,＊は5％水準の有意差。

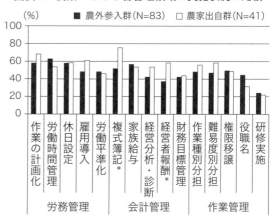

図表8 農業における各管理領域の実施状況の比較

（注）カイ二乗検定を行い,＊は5％水準の有意差。

3.5 労務管理・会計管理・作業管理から見た企業化

農業経営の企業化の内実を検討するため,労務,会計,作業の各管理領域について実施状況を把握した（図表8）。労務管理に関して,「作業の計画化」,「雇用導入」の実施は農外参入群で回答割合が低かった。会計管理でも農外参入群での割合が低いものが多く,「複式簿記」と「経営者報酬」は両群間で有意差がみられ,「経営分析・診断」も農家出自群より10ポイント余り下回った。作業管理では「役職名」が農外参入群で割合は高かった一方,「難易度別分担」は農家出自群のほうが高かった。既に指摘したように優秀な人材の確保は農業の経営戦略として重視されるようになってきているのにもかかわらず,「研修実施」の割合が両群とも20％程度と最も低く,戦略と現場にギャップが生じているおそれがある。

これら管理の実施状況を全般的にみれば,農家出自群では生活と経営の未分離状態が色濃くは残って

おらず，また農外参入群であっても企業化が十分に進展しているとはいい難い。農外参入群で企業化が遅れている理由は，**図表3**からうかがえるように，農業法人経過年数が短く組織化のための時間が不十分であり，事業全体の中で農産物販売額の割合も低く農業が主要部門ではないために，本業からの独立性が弱く農業部門としての組織が未発達であるためではないかと考えられる。他方，農家出自群において，時間的近代化や経済的近代化が比較的進展しているのは，農家が組織化や法人化を通して就業規則や会計体制を整備した結果であると思われる。

4 まとめと今後の課題

　以上の農業経営に関する多角的な調査結果から，農外参入企業のマネジメントに顕著な優位性が見出されたとはいえない。参入企業における経営者能力は全般的に高いものではなく，特に技術力などの管理者能力が低かった。参入企業の経営目的は，たしかに生業・家業の維持や家計経済の充足といった伝統的農業経営のそれとは異なるが，産業的目的（顧客創造や企業成長）に特化しているわけでもなかった。ただし，マーケット・インの傾向が農家出自群よりは強くみられた。総じていえば，企業としてのマネジメントとその仕組みづくりが，農外参入企業であっても十分には実現されていない懸念がある。農業部門における経験の短さと経済的重要性の小ささが，こうした事態の原因ではないかと推察される。

　さらにいえば，**図表3**から読み取れたように，農家出自の企業と比較して，農外参入企業はおよそ半分の年数で同水準の売上規模を示しているため，企業成長が速かったとみるならば，優れた企業者能力と多くの雇用労働力がその成長を支えたのでないかと考えられる。しかし，急成長の反面，労働力当たり売上高は農家出自の企業に比べて半分以下と格段に低い。したがって，新興する農外参入企業にとって，労働生産性および資本回転率の改善は，より本質的な経営課題になるであろう。対照的に，農家出自の企業には，労働生産性や資本回転率よりも，その成長力の弱さに問題が残る。その原因を貧弱な経営資源に求めるならば，雇用や設備投資といった成長基盤を拡充することが本質的な経営課題となるであろう。これは，家族農業経営における伝統的課題そのものである。

　人的課題（優秀な人材の確保と経営者能力の向上）は，新興する農外参入企業と従来的な性格を有する農業法人に共通していた。したがって，政策的にも，法人化の推進や農地の規制緩和，企業参入の促進だけでなく，戦略的な人的投資とマネジメント能力の開発に取り組むべきと考える。

【謝辞】
本研究は日本学術振興会科研費 15K03642 による支援を受けた。調査に協力頂いた企業・団体の方々，そして研究上のご指導を賜った木村伸男氏（岩手大学名誉教授）に感謝申し上げる。

〈注〉
(1) 2015 年農林業センサスにもとづき，農業経営体の総数を 137.7 万，農産物販売総額を 6.6 兆円（16 区分の農産物販売額規模別階層ごとに筆者が推計した合計額）として算出した数値。
(2) 新潟市では，ローソン（小売業），新潟クボタ（製造業），セブンファーム新潟（小売業），東日本旅客鉄道（運輸業），新潟麦酒（食品製造業），WPPC（飲食サービス業），アイエスエフネットライフ新潟（福祉），ひらせいホームセンター（小売業），兵庫県養父市では，クボタ e ファームやぶ（製造業），三大（建設業），やぶファーム（金融業），やぶさん（製造業），やぶの花（卸売業），トーヨー養父（熱供給），Amnak（建設業），やぶの農家（建設業）などが農外参入企業（進出元業種）の実例として挙げられる。

(3) 本論文では,「マネジメント」という用語を,最高経営,全般管理,部門管理,現場管理を含んだ比較的広い概念として用いる。ただし,本研究の意図が農外参入企業と従来からの農業経営との比較分析にあるため,マネジメントの対象を企業活動の中の農業部門に限定して考察する。この意図に関連して,農外参入企業については,事業(＝農業)戦略を経営戦略として扱い,本来の企業戦略としての経営戦略には言及しないことをお断りしておく。

(4) 企業の農業参入をめぐっては,農地制度の崩壊や大企業支配を懸念して地域との調和を重視する慎重論(大仲,2013,堀田他,2016,室屋,2015),農業競争力・農村活性化に資する待望論(石田他,2015,八田他,2010,山下,2010)など社会的議論が多い。

(5) 農地法では,農地を所有できる農地所有適格法人(旧農業生産法人)の議決権要件と役員要件が規定されている。議決権要件として,構成員のうち農地提供者と常時従事者の議決権は一定割合以上と定められている。役員要件としては,経営責任者になれる者の数について,その過半数は農業の常時従事者でなければならない。

(6) 農林水産省の集落営農実態調査によれば,集落営農数は13,577(2010年)から15,136(2017年)に増加し,そのうち法人の割合は同期間で15.0%から31.0%に上昇した。法人化した集落営農(2017年で4,694)のうち最も多いのは農事組合法人(構成比88.2%)で,また水稲・陸稲の生産・販売を活動内容とするものが91.7%を占める。なお,農事組合法人とは農業協同組合法を根拠とする企業形態で,農家構成員の利益増進を設立目的とする。

(7) 農業法人のうち,71%が株式会社(特例有限会社含む),27%が農事組合法人である(2015年農林業センサス)。営農類型別法人経営体(図表2)において,耕種経営の38%は稲作が主位部門である。また,2014年経済センサスによると,耕種農業における1企業当たり従業員数は13人とされるが,本サンプル全体平均の正社員数に若干の臨時従業員を加えるならば,それほど乖離しない。耕種農業における従業員1人当たり売上621万円(2014年経済センサス)も,本サンプル全体平均の値とほぼ同じである。ただし,耕種農業における1企業当たり売上金額7,949万円は本サンプル全体平均より約3割大きいが,対全体売上の農産物販売額が約60%であることを考慮すれば,むしろ2割ほど小さい。したがって,農業のビジネスサイズの点では,分析サンプルがやや大きく偏っている可能性がある。

(8) 経営者能力に関する質問内容は次の通り。高い目標・野心を持って経営を行っている(高い目標・野心),農業に対する考え・哲学・夢・望みを持っている(哲学や夢・希望),多少のリスクを負ってでも新しいことに挑戦していく(挑戦心),やりたいアイデア・新技術をたくさん持ち経営にいかす(企業家精神),市町村外の友達や量販店・市場・消費者の知人から情報を収集している(情報収集力),新しいこと・知らないことに対しての興味・関心・好奇心が人一倍強い(好奇心),社会や経済の変化を先取りするよう心がける(対応力),農業を取りまく状況や社会が今後どう変化するか予測できる(予測力),栽培・作業や収入・経費など経営管理に必要な基準・数値を持っている(計数感覚),経営の管理では効率を重視し経済合理的に行う(合理的思考),目標を決めたら計画的にきちんと実施する(計画実行力),農業技術に熟練しており高い技術力を持っている(技術力)。

(9) 経営目的に関する質問内容は次の通り。食料を自給し財産を維持管理し家族を繁栄させ財産を次の世代に継ぐ(家産維持・家族繁栄),生物を育て収穫することを楽しみ反収・品質向上の技術を革新する(技術の実現),農業で食べていける所得を確保する(生活に十分な所得の確保),他産業並の農業所得や勤労者の給料と同じ水準の農業所得を確保する(他産業並み所得の達成),家族労働も経費とし利益をできるだけ多く確保する(利潤の追求),お客・消費者に喜んでもらえる製品をつくる(顧客創造),経営の持続的成長・拡大を図る(企業成長)。

(10) 実施状況に関する質問内容は次の通り。策定した計画にしたがって農作業を行う(作業の計画化),1日の労働時間や休憩時間を決め実施する(労働時間管理),休日を決め定期的に取る(休日設定),雇用を導入し農繁期の過重労働を解消する(雇用導入),農閑期を解消し年間を通じて労働できるようにする(労働平準化),複式簿記を記帳して財務管理を行う(複式簿記),農業従事者に定期的に給与を出す(家族給与),経営結果の分析・診断を行う(経営分析・診断),経営者としての報酬を取る(経営者報酬),収益目標・経費目標を決めて管理を行う(財務目標管理),管理・事務的作業と生産的作業で役割分担を行う(作業種別分担),農作業技術の難易度や機械利用によって役割分担を行う(難易度別分担),特定の部門・作業に責任者をおき権限を移譲する(権限移譲),社長・副社長・部長・課長・主任などの地位を示す役職名をつける(役職名),全農業従事者に研修を受けさせる(研修実施)。

〈参考文献〉

石田一喜・吉田誠・松尾雅彦ほか（2015）『農業への企業参入 新たな挑戦』ミネルヴァ書房。

大泉一貫・津谷好人・木下幸雄（2016）『農業経営概論』実教出版。

大仲克俊（2013）『一般企業の農業参入・農業経営の参画の意義と課題』農政調査委員会。

木村伸男（2004）『現代農業経営の成長理論』農林統計協会。

木村伸男（2008）『現代農業のマネジメント』日本経済評論社。

渋谷往男（2009）『戦略的農業経営』日本経済新聞出版社。

渋谷往男（2011）「企業の農業参入における撤退要因と農地管理についての考察」『農業経営研究』第49巻第1号，pp. 81-86。

田中康晃（2016）『新規農業参入の手続と農地所有適格法人の設立・運営』日本法令。

帝国データバンク（2010）「進化するアグリビジネス」『TDB REPORT』104号，pp. 2-71。

日本政策金融公庫（2013）「平成24年度 企業の農業参入に関する調査」『AFCフォーラム別冊情報戦略レポート』㊱。

納口るり子（2013）「参入農業経営におけるマネジメント手法と経営革新の展望」高橋正郎・盛田清秀編『農業経営への異業種参入とその意義』農林統計協会，pp. 225-230。

農林水産省（2017）『平成28年度 食料・農業・農村の動向』。

堀田和彦・新開章司（2016）『企業の農業参入による地方創生の可能性』農林統計出版。

ポーター，M.E. 著，土岐坤・中辻萬治・小野寺武夫訳（1985）『競争優位の戦略』ダイヤモンド社。

八田達夫・高田眞（2010）『日本の農林水産業』日本経済新聞出版社。

室屋有宏（2015）「なぜ企業の農業参入は増加傾向が続くのか」『農林金融』第68巻第5号，pp. 20-35。

山下一仁（2010）『企業の知恵で農業革新に挑む』ダイヤモンド社。

山本善久（2010）「農業への参入企業における経営実態と経営評価別にみた企業の特徴」『農業経営研究』第48巻第2号，pp.101-106。

Are Emerging Farming Corporations from Non-agricultural Sector Superior in Management to Conventional Farmers?

Iwate University

KINOSHITA Yukio

ABSTRACT

Conventional farming has faced a longstanding challenge in adapting to the changing business environment. The deregulation of the Agricultural Land Act in 2009 has prompted the ongoing entry of corporations from non-agricultural sectors. But management studies analyzing these newcomers remain limited. This study of 124 crop-farming entities compares the management of emerging farming corporations from non-agricultural sector and other corporations with an agricultural background. The study is based on the 577 questionnaire surveys conducted in 2016, which covered aspects of human factors (competence of managers), organization (business objectives and strategies), and management (marketing, labor affairs, accounting, and work). The study found no notable advantages in the management of emerging corporations from non-agricultural sectors. On the contrary, most probably due to their inexperience and less weight placed on farming, the comparison highlighted improvements that they need to make. Both types of corporations face common challenges in gaining talent and raising managers' abilities.

研究論文

プロフェッショナル・チームにおけるチーム訓練の可能性® —— デンマークのチーム医療訓練を事例にして ——

文京学院大学　草野　千秋

✎キーワード

プロフェッショナル・チーム　　チーム医療　　チーム訓練　　航空 CRM

1　はじめに

　近年，チームを活用しない組織は稀であろう。チームが用いられるのは，意思決定への参加によるメンバーのモチベーション効果，シナジー効果への期待，さらには複雑で多様なスキルが必要な仕事への有効性といった理由からである (Robbins, 2005)。ただし，チームを導入しても，人々が効果的に働くとはかぎらないし (Baker, Gustafson, Beaubien et al., 2005)，チームが高いパフォーマンスを発揮するともかぎらない (Hackman, 2002)[2]。

　チームの活用は医療組織も例外ではない。医療プロフェッショナルはチームワークが日常的なもので (細田, 2012)，「チーム医療」[3]と称して有効なチームワークの形成と活用が課題になっている。しかしながら，自律性や自由裁量という職務特性をもつ医師らは協働というチームの特性と相容れにくく，チームでの活動が難しい人材であると考えられている。さらに医師間，医師と看護師等の間にある背景やステイタスの違いが「セクショナリズム」と「ヒエラルキー」文化を形成し，それによるコンフリクトがチーム医療の障害になりやすいという。

　日本では 2010 年に厚生労働省による「チーム医療推進検討会」が設置され，チーム医療の有効な育成と活用に向けて，各医療従事者の役割を拡大することなどが推進されてきた。しかしながら，現場の裁量に任され，進展しているとは言い難い。一方，欧米では，航空業界のチーム訓練を応用したチーム医療の育成が積極的に展開されている。本稿では，日本でチーム訓練の観察記録が少ないなか，筆者が観察したデンマークの事例を検討し，日本のチーム医療訓練への示唆を試みる。

2　チーム医療の現状

2.1　チーム医療の必要性

　医療プロフェッショナルは，高度な知識と技術を常にアップデートし，個々人として高いパフォーマスを求められる。科学技術と知識の急速な発展によって，個々人の職務が細分化されチームでなければ治療の完遂が難しくもなっている。医療プロフェッショナルが協働するチーム医療は高い成果が期待されるのだが，実際には成果だけではなく，医療ミスや医療過誤など様々な問題も生じている。つまり，医療活動にはチームが必要不可欠であり，有効に活用するためのマネジメントが必要とされるのである。

チームはプロフェッショナルの自律性を弱めるが（進藤・黒田，1999），彼らにとって有効なものである。チームがプロフェッショナル間で専門知識の習得・補強といった学習機能となり，メンバー間の知的な刺激を促進し創造性を高め，競争力を生み出すからだ（古川，2003）。チームが有効に機能すれば，プロフェッショナルが自らの知識・技術を維持・向上させる有効な活動であると同時に，彼らの活動を組織が必要とする成果につなげうるものになるのである。

2.2　チーム医療の先行研究

チーム医療に関してはチーム類型の議論からはじまり，最近では，チーム内のコンフリクトとそれに対する有効なリーダーシップやコミュニケーションを探るチームワークが注目されている。

チーム類型は論者によって異なる[4]。ここではヒューマン・サービスで最も影響力のあるGarner（1994）の提示した類型を取り上げる。このモデルは治療において専門職間の階層性の有無と業務における各専門職間の相互依存関係の強さによってチームワークを6つに分類し[5]，医療組織ではその中の3つの形態が活用されている。第1がMulti-disciplinaryチームで，専門職間に明確な階層性があり，医師が情報を集約し意思決定を行う。各々の役割が固定的で相互依存関係が弱く，各自で目標設定と治療（ケア）を行い課題を達成する。第2がInter-disciplinaryチームで，役割は固定的ではあるものの，各々の知識を結集しディスカッションで合意形成しながら，緊密な連携をとり協力して課題を達成する。第3がTrans-disciplinaryチームで，専門職が知識を共有し，ときに家族や医師以外の専門職が医療行為にあたるような本来の役割を越えて課題を達成する「役割の開放性」が特徴である。医療組織では，主に治療の特性によってMulti-disciplinaryチームとInter-disciplinaryチームが活用される。

チームワークのアプローチでは，チーム・タイプの特徴と問題を調査や臨床現場の声をもとに分析し，医師と看護師のパワー格差によって，コミュニケーションや協力関係，意思決定のあり方でメンバー間の認識にズレが生じることが明らかにされている[6]。また，看護師はチーム医療の中で医師との関係でストレスが高く（一瀬・堀江・牟田，2007），また，多職種の調整役となる看護師は，連携・協働の困難さから不満や怒りを内在している（吾妻・神谷・岡崎ら，2013）ことも示されている。

一方，Thomas（1992）によると，看護師は医師に対しコンフリクト・マネジメント行動をとっている[7]。その行動は，看護師が医師に敬意を持って行動するため，協働的，妥協的なコンフリクト・マネジメント・スタイルになり，それゆえチームの問題が表面化しにくくなる。水野（2007）でも，看護師が医師との間にコンフリクトを感じることは少なくないが，医師の利益を優先する適応行動をとることを指摘している。チーム医療において，コンフリクトが必ずしも存在するとは限らないが，看護師のコンフリクト・マネジメント行動によってコンフリクトが潜在化している可能性が高い。

2.3　チーム医療とチーム訓練の関係

プロフェッショナルで取り組むチーム医療は高い成果が求められるが，実際にはメンバーの平等参加を促進する環境づくり，リーダーシップ，情報共有に不可欠なコミュニケーションといったチームワークが課題になっている。産業界や医療分野では効果的なチームワークがエラーの回避，マネジメント，スタッフ不足，コスト削減に役立つことが実証されている（Thomas, Sexton & Helmreich, 2003）。また，医療ではチームワークの問題がチーム訓練で改善しうることが示されている（Schaefer, Helmreich

プロフェッショナル・チームにおけるチーム訓練の可能性　59

& Scheidegger, 1995)。AHRQ（2013）では，チーム訓練がチームワークを改善するのに一定の効果があることを示して推奨している。チーム訓練とは，チーム・プロセスに影響を与えてチームの有効性を高める手段であり，第三者がチームに介入してチームを変革するインターベンションである。欧米では，メンバーのコンピテンシーを改善してチームワークを高めるために，チーム訓練が組織の教育訓練に取り入れられている（Kozlowski & Ilgen, 2006）。

3　チーム訓練の基盤となる航空 CRM（Crew Resource Management）

3.1　チーム訓練の有用性

　チーム訓練には一定の効果はあるが，過度な期待はできない（Salas, Nichols & Driskell, 2007）とされる。チーム訓練には，メンバーが個人として訓練されるもの，チームとして訓練されるものがある。さらに，チーム・タスクの相互依存性がどの程度か（Kozlowski & Ilgen, 2006），学習すべき知識，スキル，態度（KSAs）によっても提供される訓練は異なる。例えば，KSAsの訓練はチームに対して有効である。一方，チームワークの知識は個人を対象とした訓練で比較的短期間で改善できる（Mathieu, Maynard, Rapp et al., 2008）。そうとはいえ，訓練対象を個人にするかチームにするかはタスク形態，作業の流れなどで決まるのである（Kozlowski & Ilgen, 2006）。プログラムは**図表1**の訓練戦略を組み合わせて設計され（Baker, Gustafson, Beaubien et al., 2005），医療では航空業界のチーム訓練である CRM とシミュレーション訓練を組合わせたプログラムが実施されている。

図表1　チーム訓練の戦略

戦略	定義	レベル
自己主張訓練 （Assertiveness training）	主張行動と非主張行動の両方を実例で示したあと，訓練生が実践し，フィードバックを提供する。	個人
メタ認知訓練 （Meta-cognitive training）	帰納的・演繹的な推論ができるように，認知的思考能力を調整・コントロールするスキルを開発・向上させる。	個人
ストレス暴露訓練 （Stress Exposure Training：SET）	訓練生が様々なストレッサーにうまく反応できるように，ストレスについて理解し，低減するための認知的・行動的な対処方法を提供する。	個人 チーム
シミュレーション訓練 （Simulator training）	現場と同じ条件，設備の教室環境を再現し，訓練生がいつもどおりに仕事に取組む。そのあとに，学習の振り返りを行い，フィードバックを提供する。	個人 チーム
チーム開発訓練 （インターベンション） （Team training）	訓練生が個人レベルとチーム・レベルで必要な能力を習得できるように，第三者がチームに介入し改善する。具体的には様々な情報を伝達し，チームワークの行動やスキルを説明し，見本をみせ，フィードバックを提供する。	チーム
クロス・トレーニング （役割交換訓練） （Cross-training）	チーム・メンバー間で役割とタスクを交換し，仲間の責任とチーム全体の目標に関して，評価や機能をさらに向上させる。	チーム
チーム支援訓練／CRM （Team coordination training / Crew Resource Management）	タスク・マネジメント・スキルとコミュニケーション（暗黙と形式の両方）を改善し，支援行動を促進させる。特定集団のメンバーに実践機会を提供するための訓練である。	チーム
チーム・ビルディング （Team building）	目標設定と優先順位の明確化，役割の説明，問題解決スキル，対人関係などチーム活動を改善することに焦点をあてている。	チーム
自己修正訓練 （Self-correction training）	有益なフィードバックをとおして，個人やチームに不完全な行動を監視・評価・修正させる。	個人 チーム

（出所）Baker, Gustafson, Beaubien et al.（2005）より筆者作成。

3.2　航空業界の CRM 訓練

　CRM は主に軍隊と航空産業で使われているチーム訓練である。医療では航空 CRM をモデルにしたプログラムが開発されている。CRM はマン－マシン・インターフェイスを重視し，技術システムの欠陥をクルーのチームワークによって補完する取組みである。図表 1 の様々なチーム訓練戦略を包括的に取り込んだ訓練が CRM である (Salas, Bowers & Edens, 2001)。

　訓練は，講義・座学，デモンストレーション（ビデオによる事例など），シミュレーター，ロール・プレイなどを組合せて，操縦室のチームワークを改善するように設計されている (Baker, Gustafson, Beaubien et al., 2005)。特に，CRM は，チームワーク・スキルを向上させてからシミュレーターに取組むことで，チーム・パフォーマンスを改善できるという効力感を育成する (Salas, Burke & Bowers, 2000)。CRM で必要とされているチームワーク・スキルは図表 2 のとおりである。

図表 2　CRM チームワーク・スキル

スキル	定義	サブスキル
適応能力	タスク環境から集められた情報をチームが利用することで，補償行動やチーム内部資源の再配分を通して戦略に適合するプロセス。	フレキシビリティ，補償行動，機能の弾力的再配分
状況認識の共有	チーム・メンバーがチームの内部・外部環境の共有モデルを発達させるプロセス。共通した状況の理解，適切なタスク戦略の適用に必要なスキルも含む。	状況認識，システム認識の発達，共有される問題モデルの発達
パフォーマンス・モニタリングとフィードバック	タスクの明確なフィードバックを与え，求め，受け取るチーム・メンバーの能力。チーム・メンバーのパフォーマンスをモニターし，エラーに関する建設的なフィードバックを提供し，パフォーマンスの改善にアドバイスを求める能力を含む。	メンバー間フィードバック，相互のパフォーマンス・モニタリング，手続的集団維持
リーダーシップ／チーム・マネジメント	他のチーム・メンバーの活動を指示し，調整する能力。さらに，チーム・パフォーマンスを評価し，タスクを割り当て，チーム・メンバーを動機付け，ポジティブな雰囲気を作り上げる能力。	タスクの構築，ミッション分析，他者の動機付け
対人関係	意見の相違を解決したり，協力行動を利用したり，動機付けを強化させる文書を使用したりすることで，チーム・メンバーの相互作用の質を最適化する能力。	コンフリクトの解決，協力，モラールの構築，境界のスパンニング
調整（コーディネーション）	タスクが統合され，同時性をもち，完成されるようにチームの資源や活動，対応が組織化されるプロセス。	タスクの組織化，タスクの相互作用 タイミングと活動の調整
コミュニケーション	2 人以上のチーム・メンバー間で，規定の方法で，専門用語を用いて情報が明確かつ正確に交換されるプロセス。情報を明確にしたり，承認したりする能力。	情報交換，他者とのコンサルティング
意思決定	情報を収集し統合したり，音声判断を活用したり，選択肢を定義したり，最善の解決を選んだり，結果を評価したりする能力。	問題評価，問題解決，計画，メタ認知的行動，実行

（出所）Salas, Burke & Cannon-Bowers（2000）より筆者作成。

4　デンマークの事例

　前節までで，チーム医療とチーム訓練について先行研究を概観してきた。日本では 2000 年ごろに，高度な医療器具を用いた医療事故やミスが絶えず，チーム医療やシミュレーション訓練が注目されはじめた。2010 年厚生労働省による「チーム医療推進検討会」が設置され，現在ではチーム訓練を実施している医療機関，教育機関が少しずつ増えている。しかしながら，チーム訓練はいまだ課題が多く，十

プロフェッショナル・チームにおけるチーム訓練の可能性　　61

分な効果が示されているというわけではない。そこで，チーム医療訓練の研究を発信し，各国にチーム訓練を提供しているデンマークのシミュレーション・センター DIMS（Danish Institute for Medical Simulation）の取組みについて検討する。

4.1　研究方法

　調査では，チーム訓練の実態と効果を探索的に分析することを重視し，教官・研究者へのヒアリングとチーム訓練を観察した。まず，ヒアリングを兼ねて観察する訓練内容のレクチャーと情報交換や議論を行った。対象者は上級医師1名，麻酔・集中治療の専門看護師1名，心理学者1名，患者安全専門家1名，院生1名の5名である。その後各担当者が同行し，オペレーション室およびシミュレーション室内外から蘇生と産科の8時間のシミュレーション・シナリオにそったチーム訓練を観察した。対象者は蘇生チーム（1チーム：医師（2名）・看護師・職員の4名（2チーム））と産科チーム（産科医・助産師・麻酔医・看護師の4名）である。さらに，チームワーク・スキル（意思決定）のワークショップ（蘇生と産科）とディブリーフィングに参加した。終了後，副センター長とミーティングを行い，調査の目的や方法，DIMSの取組みについて観察報告を行い相互に確認を行った。

4.2　デンマークと DIMS の概要

(1) デンマーク医療の概要

　デンマークは「高福祉高負担」で知られる世界最高水準の福祉国家であり，国民幸福度と医療満足度が最も高い国である（Kohl, 2004 など）。このような結果は，医療費が原則無料で世界最高水準といわれる医療技術が提供されているからだという。一方，WHO の国際比較において，デンマークは予防可能な有害事象率と死亡率が高く，平均寿命が短い。[8] それゆえ，WHO から医療提供システムの完成度がヨーロッパ15カ国でもっとも低いとの評価をうけている（WHO, 2005）。そこで，デンマーク政府は財政問題との均衡を探りつつ，医療の質向上のために医療従事者の教育訓練に取組んでいる。

(2) DIMS の概要

　DIMS は，2001年9月に行政機関の医療シミュレーション・センターとして開設された。[9] イギリス，ドイツとともに欧州の医療シミュレーション・センター3拠点の1つで，医師，看護師，医学生を対象に麻酔や集中治療のチーム訓練を提供している。特に，DIMS では訓練をとおして医療従事者のコンピテンシーを改善し，患者に提供するケアの質と患者安全を高めることを目的としている。主な活動は，①医師や看護師など医療従事者に対する卒前卒後の訓練・学習プログラムの設計・提供，②新しい訓練手法と患者安全のリサーチ，③教育プログラムとツールの開発である。従来から行われていた麻酔部門の教育は，完璧な(full-scale)シミュレーションを基盤としたものであった。DIMS では，そのシミュレーション訓練に非技術スキル（コミュニケーションや調整，リーダーシップ，意思決定など）を取り入れたチームワークの訓練を提供している。

4.3　ヒアリングによるプログラムの詳細

　対象者は主に医師と看護師で，①麻酔医（1〜4年目の研修医(resident)），②内科医（1年目の医師と研

修医），③外科医（1年目の医師），④麻酔，集中治療医療の専門看護師，⑤インストラクター訓練に参加するシミュレーターのユーザーである。プログラムは，①麻酔・術後期，集中治療医療のタスク指向のチーム訓練，②多職種（multidisciplinary）チームの訓練，医療安全の講義で構成されている。特に力を入れているのが，蘇生チームと産科チームの訓練，インストラクター訓練である。

　蘇生チームでは，プログラムの提供を通して蘇生チームの問題点を明らかにしながら，心臓麻痺治療のチームワークを改善する完璧なシミュレーションを開発，提供している。蘇生チームは，複数の専門職で治療にあたっているため国際的な蘇生ガイドラインに従っておらず，心臓麻痺の蘇生率が1.3 － 17％と低い。この問題を解決するために，航空のような高信頼性組織のチーム訓練で取り入れられている非技術スキルに注目し，「不測の事態でのコミュニケーション」を訓練に導入している。この訓練には2日間と半日コースがあり，8時間のシミュレーション，次いでインストラクター教育が提供される。心臓麻痺のシミュレーションの評価や評定間合意，評価基準，コーチングやフィードバックなどを習得する。

　産科チームの訓練では，産科特有のチーム環境，タスク分析による課題やリスク要因を抽出した上で，インターベンションとして訓練プログラムを提供している。訓練プログラムはCRMの講義と事例を学習したあと，産科病棟と手術室で模擬患者とマネキンを使ってシミュレーション訓練を行う。その後，ディブリーフィング[10]で訓練を振り返りながら，参加者の意見交換を促進し学習効果を高める。この訓練では，リアルなチームを用いて訓練を行い，継続的に組織や技術に関する情報収集，タスク分析，インターベンション，訓練前後のアンケートを繰り返し，プログラムの開発を進めている。

　DIMSでは，欧州シミュレーター・インストラクター・コースを，ドイツ（Tuebingen），イギリス（Barts）と共同プロジェクトで開発し，インストラクターを育成する訓練プログラムを提供している。国内外をはじめ受講生は年々増加している。当該センターでは，2005年以来，3拠点で105カ国から受講生を受け入れている。このコースでは，CRM訓練とシミュレーター訓練を経験させ，経験から必要なシミュレーションが何かを熟考させる。シミュレーターの習熟後，ディブリーフィングとファシリテーターの技術，患者の安全とCRMの理論，シナリオの設計・運営などを習得し実践する。

4.4　チーム訓練の観察[11]

　DIMSの訓練プログラムで中核をなしているのは，シミュレーションとCRM訓練である。ここでは，ヒアリングと観察から，DIMSにおけるこれら訓練の有用性や特徴について検討する。

（1）DIMSにおけるシミュレーション訓練の有用性

　シミュレーションは，米国において1990年代以降に麻酔科で導入された有用な訓練ツールである。シミュレーターとして用いられる装置には，リアルなマネキン型高機能シミュレーター，人体の部分模型低機能シミュレーター（part-task trainer）（尾原，2011），コンピューター・ベースの中機能シミュレーターがある（阿部，2016）。DIMSでは，上記の訓練装置をすべて整備して，必要に応じて使い分けている。特に，実践訓練では高機能と低機能シミュレーター使用し，実際の臨床環境を設定している。

　シミュレーションは，現実を模倣するものであり，そのリアリティはシミュレーションの精度と捉えられる。シミュレーションの有効性に関しては，精度や妥当性が高いか低いか，シミュレーションを通

プロフェッショナル・チームにおけるチーム訓練の可能性　　63

図表3　シミュレーター訓練のメリット・デメリット

メリット	デメリット
1. 患者が害を被ることはない 2. 時間の流れと複雑性のレベルを変えることができる 3. まれな事象を経験・マネジメントする学習機会が得られる 4. チーム訓練と危機管理に効果的である 5. エラーが許される 6. 理論を実践に転移する 7. 安全な環境	1. コスト 　（シミュレーターと人的資源） 2. インストラクター／ファシリテーターの教育

（出所）筆者作成

してどの程度学習が達成されたかなど，意見がまとまっていない。また，精度の高い訓練が効果のないこと，精度の低いシミュレーションが効果的であることを示す研究もあり（Beaubien & Baker, 2004），まだ十分にその効果がわかっていない（Dickmann, Gaba & Rall, 2007）。それでも，シミュレーションの経験が現実の改善に有用である（Salas & Burke, 2002）とされ，現実をより完全に模倣したシミュレーションがゴールド・スタンダードになっている。

　シミュレーター訓練にはメリットとデメリットがある（**図表3**）。DIMS では，デメリットについては，①行政機関の資金提供によって金銭的なコスト面をクリアし，人的資源もハーレブ病院や大学から優秀な人材を調達できている。②インストラクターに関しても訓練コースをおき，DIMS 内での育成を可能にしている。このようにデメリットが可能な限り低減されており，メリットを重視して完璧なシミュレーションを導入している。

（2）CRM 訓練：ACRM のスタンフォード・モデル

　DIMS では，ACRM（Anesthesia Crisis Resource Management）のスタンフォード・モデル[12]を採用している（**図表4**）。ACRM は航空業界の CRM 訓練を基盤に，麻酔中のヒューマン・エラーの原因となる非技術スキルを習得するために，スタンフォード大学の Gaba らが開発した。その特徴は，①擬似的な手術室環境で実施する3日間の実践，②ディブリーフィングを用いた訓練による学びの確認と改善手段の提案，③様々な見解から学習プロセスを経験できるクロス訓練の3点である。

　DIMS では1日目の座学の内容や時間配分が若干異なるが，プログラム構成はほぼ完全なスタンフォード・モデルである。設備もスタンフォード・モデルと同じく擬似的な手術室環境であった。手術室シミュレーターにはモニタリング設備，高機能の患者シミュレーター，チーム・パフォーマンスを記録するビデオ・ステーションを備え，多様な視聴覚設備を装備したディブリーフィング・ルームもある。このようにリアルなシミュレーターの活用が軸となっている。

図表4　DIMS における DRM の要素

個人的，認知的要素	チーム・マネジメントとコミュニケーション
1. ヒューマン・ファクターの限界 　（"注意の配分"，認知的援助のチェックリスト） 2. ダイナミックな意思決定 3. プランニングと予測 4. あらゆる利用可能な情報を使う 5. 定着的なエラー	1. リーダーシップとフォロワーシップ 2. 他者意見の尊重と自己意見の表明（主張性:assertiveness） 3. 効果的なコミュニケーション 4. 仕事量の配分 5. 早く支援を求める 6. あらゆる利用可能な資源

（出所）筆者作成

4.5　考察

　デンマークでは麻酔専門医になるための必須条件にシミュレーターを用いた訓練を受けること，各リージョン（地域）では専門部門によって医師や看護師に対して訓練を義務付けている。このように法制上，医療従事者に継続的に訓練を提供する施設が必要とされ，DIMS が開設された。DIMS の特徴は，シミュレーション訓練に非技術スキルを取り入れたチーム訓練プログラムである。ACRM など医療のチーム訓練は，航空 CRM を基盤にしているもののシミュレーションに傾斜しがちであるといわれている。DIMS は，その批判のある ACRM モデルをあえて導入している。その違いは，訓練の中でチームワークに関する非技術スキルをより充実させることで，シミュレーション訓練がチームワーク訓練にもなるように設計されている点である。また，ディブリーフィングに十分な時間をとり，一日の最後に各訓練コースの受講者全員が参加するディブリーフィングを行い，チームワークの分析を取り入れている。これらが DIMS の特徴であるといえる。

　シミュレーションの精度はチーム訓練に重要な要素であるが，なにより重視されているのはチームワークである。チームは様々な医療専門職と専門階層からなり，各々教育上の背景も異なるからである。DIMS は，コミュニケーションや意思決定などのチームワーク・スキルに重点をおいて，それらにシミュレーションを取り入れたチームワーク志向のシミュレーション・シナリオで訓練を実施し，一定の成果を得ている。さらに，プログラムの内容が，受講者のニーズや問題意識に適合したものになるように，訓練後のディブリーフィングが問題や情報を共有する場になるように設計され，それがチーム訓練の効果をさらに促進していたように考えられた。

5　結論と今後の課題

　本論文では，プロフェッショナル・チームを有効に機能させ活用するために，医療を事例に取り上げた。そして，チーム訓練の実態と効果について探索的に検討した。チーム訓練の効果はある程度示されているが十分ではなく，チーム訓練を詳細に観察した記録も多くない。そこで，日本のチーム医療に有効な訓練を探るため，筆者がデンマークで行ったチーム訓練の観察を検討した。調査から，①チーム医療ではシミュレーション訓練にチームワークの非技術スキルを導入してチームワーク訓練になるプログラムを設計することが有効であること，②シミュレーション・シナリオとディブリーフィングが重要であること，③シミュレーションの精度よりチームワークの非技術スキルが訓練の効果に影響することが観察された。

　日本でも 2010 年前後から，教育および医療機関でシミュレーション教育や訓練が導入されている。しかし，教育の遅れや効果の是非，さらにインストラクターの育成（尾原，2011），設備費用，訓練時間の確保（水木，2014），カリキュラム開発や訓練シナリオ（寺田・和田・黒田，2009）など，課題を解決するために DIMS の事例は参考になるのではないだろうか。また，CRM には，高性能な実践である航空CRM と低性能な軍隊 CRM をモデルにした 2 つの訓練がある。日本におけるチーム医療の本質的な問題が何かということが明確でなければ，どのような訓練プログラムを提供するのか，その判断は難しい。チーム訓練を効果的にするには，その必要性を分析し（why），誰に（who），いつ（when），何を（what），どのように（how）訓練するのかという体系的な訓練設計を再度検討することが必要であろう。

最後に，本研究では，プロフェッショナル・チームへの訓練の有効性について検討してきた。しかしながら，医療プロフェッショナルに限定し，デンマークのDIMSという1つの事例を取り上げたにすぎない。欧米やアジアでは政府主導で医療分野のチーム訓練に力を入れている。日本でチーム訓練を促進するには，事例を蓄積し，医療分野以外でのプロフェッショナル・チームに対象を拡大して，その有効性および有用性を示す必要があるだろう。そして何より，日本でシミュレーション訓練などチーム訓練の発展を阻害している要因を深く掘り下げることも課題である。

〈注〉

(1) 本論のチームの定義は，チーム研究で最も影響力のあるSalas et al.（1992）の「価値ある共通の目標・目的・任務のために，ダイナミックかつ相互依存的で，適応的な相互作用を交わす二人以上の人々からなる識別可能な集合」とする。また，各メンバーは，課題遂行のための役割や機能を割り当てられ，メンバーとして所属する集団には一定の期限がある。

(2) チームでは，人が集団の中で働くときに単独のときほど努力をしなくなる「社会的手抜き」，他のメンバーやチームの成果にただ乗りする「フリーライダー」が発生しやすい（Robbins, 2005）。それ以外にも，集団にはコンフリクトがつきもので，それが個人のチームへの貢献や成果に影響を及ぼす。

(3) チーム医療の定義は多様にあるが，その意図するところは同じである。本論文のチーム医療の定義は，「医療に従事する多種多様な医療スタッフが，各々の高い専門性を前提に，目的と情報を共有し，業務を分担しつつも互いに連携・補完し合い，患者の状況に的確に対応した医療を提供すること」（厚生労働省，2010）とする。

(4) 海外ではGarner（1994）の類型に準じて，Multi-disciplinaryチームとInter-disciplinaryチームの研究が展開されている。日本では，細田（2012）が専門性志向と患者志向，職種構成志向と協働性志向の4つの類型，高山（2002）はThompson（1967）の作業の相互依存関係を援用して，連続的相互依存関係，互恵的相互依存関係，集中的相互依存関係の3つに分類し，主に医療は互恵的，集中的相互関係であると指摘している。また，Garner（1994）の3つの類型を，松岡・石川（2000）は順に権威モデル，コンセンサスモデル，マトリックスモデル，近藤（2007）は連絡モデル，調整モデル，連携・協働モデルとしている。

(5) Single-disciplinary, Multi-disciplinary, Pluri-disciplinary, Cross-disciplinary, Inter-disciplinary, Trans-disciplinaryの6つである。順に，階層性がなくなり，相互依存関係が強くなる。

(6) 例えば，Thomas, Sexton & Helmreich, 2003；田村・中田・倉谷他，2004など。他にも，チームワークやチーム風土のへ認識の違い，さらにはチーム内での協働やコミュニケーションを看護師より医師が高く評価していることが示されている。

(7) 医師がコンフリクトの状況で他者志向スタイルであるという看護師の期待，チームが建設的な行動をとるという看護師の期待，これらの期待が強いと看護師は医師と協働を深めようとする。

(8) デンマークは中年層の死亡率が高い。それは喫煙者が多く，脂肪食の摂取が多く，運動量が少なく，アルコール消費量が多いからだとされる。特に女性は，EU諸国と比較すると心臓系や肺がんが多い（WHO, 2001）。1980年代に財政危機に陥り，病院予算の抑制政策が行われた結果，病院の待機リスト，待機期間が長くなったことも影響している（大西，2008）。このような状況の影響もあり，国際比較で死亡率が最も高く，また有害事象のうち40％以上が予防可能であることが報告されている。

(9) 2007年6月にハーレブ（Herlev）病院の最上階である25階に新しく施設を移転し，敷地面積2400㎡，完璧な実物大のシミュレーション室（13），講義室（3）とディブリーフィング室（7），コンピューター管理やスキル訓練室（5）などを保有している。現在，専任メンバーは18名である。ディレクターをはじめ，上級医師3名，スペシャリスト看護師4名，救急医療隊員1名，博士院生2名，心理学者1名，患者安全の専門家1名，秘書4名，テクニカル・エンジニア1名とフロアー・マネジャー2名である。さらには非常勤の上級医師やスペシャリスト看護師が数名，アシスタントの医師らが200名程度になっている。筆者らが訪問した状態とほぼ同じ環境である。

(10) シミュレーション訓練の効果はディブリーフィングが左右する。ディブリーフィングは結果について自ら分析，評価，反省，それを共有するために討論に積極的に参加することで教育効果を高めるものである。それにはインストラクターが学習と議論を刺激するファシリテーターになることが求められる（尾原，2011）。

(11) 2007年12月12日9:00〜18:00

(12) 麻酔の危機資源管理訓練という。航空CRMを基盤に開発され，チームで働く麻酔医が危機をうまくマネジメントできるように設計されたプログラムで，航空CRM訓練とかなり類似している。

〈参考文献〉

阿部幸恵（2016）「医療におけるシミュレーション教育」『日集中医誌』(23)，pp.12-20。

吾妻知美・神谷美紀子・岡崎美晴・遠藤桂子（2013）「チーム医療を実践している看護師が感じる連携・協働の困難」『甲南女子大学研究紀要，看護学，リハビリテーション学編』第7号，pp.23-33。

一瀬久美子・堀江令子・牟田典子他（2007）「看護師が抱える職場ストレスとその対応」『保健学研究』20 (1)，pp.67-74。

大西淳也（2008）「デンマークにおける病院経営改革とリーン・マネジメント―トヨタ生産方式の変質とその位置づけ―」『信州大学経済学論集』第58号，pp.1-23。

尾原秀史（2011）「シミュレーション教育の現状と問題点」『日臨麻会誌』第31巻第5号，pp.762-770。

厚生労働省（2010）『チーム医療の推進について（チーム医療の推進に関する検討会報告書）』。

近藤克則（2007）「連携から統合へ―看護師に必要なマネジメント能力」『Nursing Today』(22)，pp.42-45。

進藤雄三・黒田浩一郎編（1999）『医療社会学を学ぶ人のために』世界思想社。

相馬孝博（2003）「CRM (Crew Resource Management) の医療分野への応用について」『病院』第62巻第7号，pp.574-577。

高山智子（2002）「チーム医療における患者医療者関係」鷹野和美編『チーム医療論』医歯薬出版。

田村由美・中田康夫・倉谷由佳・清水有希・渡祐子（2004）「『褥瘡対策チーム』に所属する専門職のチーム医療に対する認識」『神大医保健紀要』第20巻，pp.21-33。

寺田尚史・和田則仁・黒田知宏（2009）「シミュレーション医学教育の現状―日米欧医療訓練センター比較調査報告―」『VR医学』7 (1)，pp.6-17。

長田知也・尾崎眞（2004）「麻酔医専門医教育の実例」『日臨麻会誌』第24巻第7号，pp.335-339。

古川久敬（2003）「目標による管理の新たな展開―モチベーション，学習，チームワークの観点から―」『組織科学』Vol.37，No.1，pp.10-22。

細田満和子（2012）『チーム医療とは何か―医療ケアに生かす社会学からのアプローチ』日本看護協会出版会。

松岡千代・石川久展（2000）「『チームワーク』認識に関する研究：自記式質問紙を用いた専門職間比較」『香川県立医療短期大学紀要』(2)，pp.17-24。

松島久雄・岩瀬良純・崎尾秀彰（2004）「救急・集中治療領域における患者実態シミュレーターを用いた医学教育プログラム」『日臨麻会誌』第24巻第7号，pp.353-359。

水木一弘（2014）「DAMの教育とインストラクター制度」『日臨麻会誌』第34巻第4号，pp.732-735。

水野基樹（2007）「組織におけるコンフリクト・マネジメントに関する予備的研究―看護師を対象とした実証的調査からのインプリケーション―」『千葉経済大学短期大学部研究紀要』第3号，pp.115-120。

AHRQ (2013) "Agency for Healthcare Research and Quality: Making Health Care Safer II, An Updated Critical Analysis of the Evidence for Patient Safety Practices. http://www.ahrq.gov/research/findings/evidence-based-reports/ptsafetyuptp.html.

Baker, D.P., Gustafson, S., Beaubien, J., Salas, E. & R. Barach (2005) *Medical Teamwork and Patient Safety: The Evidence-Based Relation.* Literature Review. AHRQ Publication No.05-0053, April.

Beaubien, J.M. & D.P. Baker (2004) "The Use of Simulation for Training Teamwork Skills in Health Care: How Low Can You Go?," *Quality and Safety in Health Care,* 13, pp.151-156.

Campion, M.A., Medsler, G.J., & A.C. Higgs (1993) "Relations between Work Group Characteristics and Effectiveness: Implications for Designing Effective Work Groups," *Personnel Psychology,* 46, pp.823-850.

Damrosch, S., Denicoff, A.M., St.Germain, D., Welsch, C., Blash, J.L., Jackson, T. & J. Etzelmiller (1993) "Oncology Nurse and Physician Attitudes toward Aggressive Cancer Treatment," *Cancer Nursing,* 16 (2), pp.107-112.

Dickman, P., Gaba, D. & M. Rall (2007) "Deepening the Theoretical Foundations of Patient Simulation as Social Pracrice," *Social for Simulation in Healthcare,* 2 (3), pp.183-193.

Garner, H.G. (1994) "Multidisciplinary versus Interdisciplinary Teamwork," *Teamwork in Human Service: Models and Applications across the Life Span,* In H.G. Garner, F.D. Orelove (eds.), Butterworth-Heinemann.

Hackman, J.R. (2002) *Leading Teams*, Harvard Business Scholl Publishing Corporation. (田中滋訳 (2005)『ハーバードで学ぶ「できるチーム」5つの条件』生産性出版。)

Keenan, G.M., Cooke, R. & S.L. Hillis (1998) "Norms and Nurse Management of Conflicts: Key to Understanding Nurse-Physician Collaboration," *Research in Nursing & Health*, Vol.21, pp.59-72.

Kirkman, B.L., Rosen, B., Tesluk, P.E. & C.B. Gibson (2004) "The Impact of Team Empowerment o Virtual Team Performance: The Moderating Role of Face-to-face Interaction," *Academy of Management of Journal*, 47 (2), pp.175-192.

Kohl, J. & C. Wendt (2004) "Satisfaction with Health Care Systems – A Comparison of EU Countries," In W. Glatzer, S.V. Below, M. Stoffregen. (eds.), *Challenges for Quality of Life in the Contemporary World*, Kluwer Academic Publishers, pp.311-331.

Kozlowski, S.W.J. & D.R. Ilgen (2006) "Enhancing the Effectiveness of Work Groups and Teams," *Psychological Science in the Public Interest,* Vol.7, No.3, pp.77-124.

Mathieu, J.E., Maynard, M.T., Rapp, T. and L. Gilson (2008) "Team Effectiveness 1997-2007: A Review of Recent Advancements and a Gilmpse into the Future," *Journal of Management*, 34 (3), pp.410-476.

Nysssen, A.S., Larbuisson, R., Janssens, M. et al. (2002) "A Comparison of the Training Value of Two Types of Anesthesia Simulatiors: Computer Screen-Based and Mannequin-Based Simulators," *Anesthesia & Analgesia*, 94, pp.1560-1565.

Robbins, S. P. (2005) *Essentials of Organization Behavior,* 8th Editions, Prentice Hall. (高木晴夫監訳 (2009)『【新版】組織行動のマネジメント』ダイヤモンド社。)

Salas, E., Dickinson, T.L., Converse, S.A. & S.L. Tannenbaum (1992) Toward an understanding of team performance and training, In R.W. Swezey & E. Salas (eds.), *Teams: Their training and performance*, Norwood, NJ: Ablex Publishing Corporation, pp.3-29.

Salas, E., Bowers, C.A. & E. Edens (eds.) (2001) *Improving Teamwork in Organization,* Lawrence Erlbaum. (深見真希・草野千秋訳 (2007)『危機のマネジメント―事故と安全：チームワークによる克服―』ミネルヴァ書房。)

Salas, E. & C.S. Burke (2002) "Simulation for Training is Effective When," *Quality Safety Health Care*, 11, pp.119-120.

Salas, E., Burke, C.S. & J.A. Cannon-Bowers (2000) "Teamwork: Emerging Principles," *International Journal of Management Reviews*, 2 (4), pp.339-356.

Salas, E., Nichols, D.R. & J.E. Driskell (2007) "Testing Three Team Training Strategies in Intact Teams," *Small Group Research*, 30 (3), pp.309-330.

Schaefer, H.G., Helmreich, R.L. & D. Scheidegger (1995) "Safety in the Operating Theatre – Part1: Interprofessional Relationships and Team Performance," *Current Anesthesia and Critical Care*, 6, pp.48-53.

Seropian, M.A. (2003) "General Concept in Full Scale Simulation: Getting Started," *Anesthesia & Analgesia*, 97, pp.1695-1705.

Thomas, K.W. (1992) "Conflict and Negotiation Processes in Organizations," In Dunnette, M.D. & L.M. Hough (eds.), *Handbook of Industrial and organizational Psychology*, Palo Alto, CA: Consulting Psychologists Press, pp.651-717.

Thomas, E.J., Sexton, J.B. & R.L. Helmreich (2003) "Discrepant Attitudes about Teamwork among Critical Care Nurse and Physicians," *Critical Care Medicine,* Mar, 31(3), pp.956-959.

Thompson, J.D. (1967) *Organization in Action,* New York: McGraw-Hill. (高宮晋監訳 (1991)『オーガニゼーション・イン・アクション』同文館。)

WHO (2001) *Health Care Systems in Transition Denmark.* http://www.euro.who.int/_data/assets/pdf_file/0010/80686/E72967.pdf#search=%27the+European+obwervatory+on+health+care+systems+Denmark+2000%27

WHO (2005) *World Alliance for Patient Safety : Forward Programme 2005* http://www.who.int/patientsafety/en/brochure_final.pdf#search=%27World+Alliance+for+Patient+Safety+%3A+Forward+Programme+2005%27

The Possibility of Team Training for Professional Teams: A Case Study of Medical Team Training in Denmark

Bunkyo Gakuin University

KUSANO Chiaki

ABSTRACT

Using medical team training in Denmark as a case study, this paper clarifies whether using this case is effective or useful for improving medical teams and promoting team training in Japan.

This survey was conducted at DIMS (Danish Institute for Medical Simulation), a facility for training medical professionals in Denmark. DIMS has deployed ACRM (Anesthesia Crisis Resource Management) based on the aviation industry's CRM (Crew Resource Management).

The findings of this study show: (1) training programs have the characteristics of non-technical skills of teamwork (ex. leadership, communication, decision-making) being deeply embedded in full-scale simulation training; (2) the role of simulation scenarios and debriefing is important in this training and (3) non-technical skills of teamwork are considered as important as, if not more important than, the simulation accuracy.

The author suggests the case of DIMS will probably be a useful model to use in Japan. However, it should be noted that issues intrinsic to Japanese team-based medicine be specified.

大会記録

日本マネジメント学会 第75回全国研究大会プログラム

統一論題 「変革時代のマネジメント —IoT・AI のインパクト—」
会　場：東洋大学白山キャンパス

第1日　2017年6月9日（金）
13：30〜15：00　理事会　（東洋大学白山キャンパス　2号館3階第1会議室）
16：30〜18：00　企業見学　ヤマトホールディングス株式会社　羽田クロノゲート（現地集合）
　　　　　　　　　　　　　（東京都大田区羽田旭町11-1）

第2日　2017年6月10日（土）
9：00〜17：00　受　付　（2号館16階）
9：30〜　9：40　開会挨拶　第75回全国研究大会実行委員会委員長　董 晶輝氏
　　　　　　　　会長挨拶　日本マネジメント学会会長　柿崎洋一氏

統一論題セッション1　（各報告40分）（2号館16階スカイホール）

9：40〜10：20	統一論題報告1
報 告 者	児玉充氏（日本大学）
テ ー マ	高度ICT時代の戦略経営 —戦略論及び組織論からのリサーチパースペクティブ—
司 会	松村洋平氏（立正大学）
10：25〜11：05	統一論題報告2
報 告 者	大東正虎氏（岡山商科大学）
テ ー マ	情報技術の発展とシミュレーション —経営分野におけるエージェント・ベース・モデリングの可能性—
司 会	杉田博氏（石巻専修大学）
11:20〜12：00	統一論題報告3
報 告 者	栃原稔氏（株式会社富士通総研）
テ ー マ	ITベンダー，コンサルタントから見たIoT・AIというデジタル化の影響
司 会	吉村孝司氏（明治大学）

12：00〜13：00　昼　食

統一論題シンポジウム　IoT とマネジメント　（2号館16階スカイホール）

13：00〜15：00	統一論題シンポジウム〈IoT とマネジメント〉
コーディネーター報告	松本芳男氏（中央学院大学）
パネリスト	児玉充氏（日本大学），大東正虎氏（岡山商科大学），栃原稔氏（株式会社富士通総研）
コーディネーター	松本芳男氏（中央学院大学），松村洋平氏（立正大学）
司 会 者	樋口弘夫氏（和光大学）

15：15〜16：00　会員総会　（2号館16階スカイホール）

特別講演（2号館16階スカイホール）

16：15〜17：15	特別講演
講 演 者	丸永庸一氏（アサヒ飲料株式会社 監査役）
テ ー マ	飲料事業の戦略
司 会 者	小椋康宏氏（東洋大学）

18：00〜　　　　懇親会　（ホテルベルクラシック東京）

70 　経営教育研究 Vol.21　No.1

第3日　2017年6月11日（日）

9：00～12：00　**受付**（8号館7階）
12：00～15：00　**受付**（8号館2階）

統一論題セッション2（東洋大学経営力創成研究センターセッション）
（各報告40分）（8号館7階125周年記念ホール）

9：20～10：00	統一論題報告4
報　告　者	小嶌正稔氏（東洋大学）
テ　ー　マ	IoT・AIとマネジメントシステム
司　会　者	仁平晶文氏（千葉経済大学）
10：05～10：45	統一論題報告5
報　告　者	水野雄太氏（株式会社Nextremer社長室長　グローバル担当）
テ　ー　マ	最先端技術とオープンイノベーション
司　会　者	大野和巳氏（文京学院大学）

11：00～12：00	統一論題シンポジウム2
パネリスト	小嶌正稔氏（東洋大学），水野雄太氏（株式会社Nextremer社長室長　グローバル担当）
コーディネーター	井上善海氏（東洋大学）
司　会　者	瀬戸正則氏（広島経済大学）

12：00～13：00　**昼食**（8301教室）　**第76回大会委員会**（8302教室）

自由論題報告セッション1（報告25分，コメントおよび質疑15分 計40分）

13：00～13：40	A会場（一般）8202教室	B会場（一般）8203教室	D会場（院生）8303教室
報　告　者	柴田仁夫氏（埼玉学園大学）	下境芳典氏（東洋大学）	佐藤拓氏（東洋大学）
テ　ー　マ	インターンシップが従業員の能力に与える影響	対境理論を事例研究のフレームワーク化することの検証	自動車産業における競争戦略の国際比較に関する研究
コメンテーター	郭智雄氏（九州産業大学）	海老澤栄一氏（神奈川大学）	中村公一氏（駒澤大学）
司　会　者	早川淑人氏（札幌学院大学）	大平義隆氏（北海学園大学）	篠原淳氏（熊本学園大学）

13：40～14：00　**休憩**

14：00～14：40	A会場（一般）	B会場（一般）	D会場（院生）
報　告　者	川野祐二氏（下関市立大学）	河合博子氏（高崎商科大学）	呉贇氏（京都大学）
テ　ー　マ	「創業者統治」と非営利組織のガバナンス	オープン・イノベーションによる事業転換：知的資本と企業価値の観点から	中国における日本的経営の受容—TQCの初期導入をめぐって—
コメンテーター	佐久間信夫氏（創価大学）	高垣行男氏（駿河台大学）	鈴木岩行氏（和光大学）
司　会　者	三森敏正氏（石巻専修大学）	梅田勝利氏（九州共立大学）	津田秀和氏（愛知学院大学）

国際セッション（13：00〜14：40）（C 会場　8204 教室）

	13：00〜13：25	13：25〜13：50	13：50〜14：15	14：15〜14：40
報 告 者	Kyuhyong Kim (Chung-Ang University, School of Business Administration)	Soo Hyun Jun (Keimyung University, Dept. of Tourism Management)	Chung, Dae-Yong (Soongsil University) Kim, Choon-Kwang (Baekseok University) Yang, Jun-Hwan (Dankook University)	Baek You-Sung (Dept. of Mgt. Dong Yang University) Nam Jung-Soon (Ph. D. Candidate, Dong Yang University)
テ ー マ	Effectiveness of F-SCORE on the Loser Following On-Line Portfolio Strategy in Korean Stock Market	An Analysis of the Differences between Airbnb users and nonusers: Brand Credibility, Benefits, and Perceived Risk	The Effect of Role Model on Entrepreneurial Self-Efficacy and Entrepreneurial Motivation of Korean University Students.	An Empirical Study on the structural relationships among Resilience, BWF and Organizational Commitment: Focused on Yeoung-Ju Agricultural Cooperatives employees
司 会 者	文 載皓氏（常葉大学）		細萱伸子氏（上智大学）	

自由論題報告セッション２（報告 25 分，コメントおよび質疑 15 分 計 40 分）

14：50〜15：30	A会場（一般）8202教室	B会場（一般）8203教室	C会場（一般）8204教室	D会場（院生）8303教室
報 告 者	木下幸雄氏（岩手大学）	中山雅之氏（国士舘大学）	文 載皓氏（常葉大学）	陳 塵氏（東洋大学）
テ ー マ	農外参入企業のマネジメントは優れているか	国際協力 NGO と給与	多国籍企業の CSV 戦略	中国国有上場企業におけるコーポレートガバナンスの一考察
コメンテーター	當間政義氏（和光大学）	細萱伸子氏（上智大学）	田中信弘氏（杏林大学）	金在淑氏（日本経済大学）
司 会 者	櫻澤仁氏（文京学院大学）	青淵正幸氏（立教大学）	市古勲氏（東海学園大学）	杉田あけみ氏（千葉経済大学短期大学部）

15：30　　　　　閉会挨拶　　日本マネジメント学会組織委員長　亀川雅人

投稿規程

日本マネジメント学会機関誌『経営教育研究』投稿規程

1. 本機関誌『経営教育研究』に掲載する原稿は以下による。
   ① 日本マネジメント学会会員からの投稿による「投稿論文」
   ② 日本マネジメント学会機関誌委員会からの依頼による「依頼論文」
   ③ 日本マネジメント学会の諸活動にかかわる「関連記事」(学会記録, 学会報告, 書評等をすべて含む。)
2. 本機関誌の発行は, 原則として年2回 (1月と7月) とする。
3. 本機関誌への論文投稿は, 日本マネジメント学会会員に限定する。
4. 本機関誌への論文投稿は, 8月末日と1月末日を締切日とする。
5. 本機関誌への投稿論文は, 以下の通り「経営教育」に関する研究論文とする。
   ① 経営体の諸活動に関する実践的経営の研究
   ② 日本的経営および国際的経営の研究
   ③ 経営者・管理者の実践的能力を育成するための経営教育の研究
6. 本機関誌への投稿論文は, 以下の字数制限等の要件をすべて満たすこと。
   ① 日本語原稿16,000字以内 (本文・図表・表題・要旨・謝辞・注・参考文献等をすべて含む。)
   ② 印刷仕上がりがB5判1段組 (46字×37行) 10頁以内
7. 本機関誌への投稿論文は, 未発表のものに限定し, 電子媒体1枚と印刷原稿3部を提出する。
8. 本機関誌への投稿論文は, 本投稿規程で明示なき事項は日本マネジメント学会機関誌執筆要領による。
9. 投稿論文の取扱いは以下による。
   ① 機関誌委員会は, 匿名のレフェリー2名による査読結果を総合して, 掲載の採否を決定する。
   ② 機関誌委員会は, 原則として本学会のホームページ等に本機関誌の内容を掲載することができる。
   ③ 本機関誌に掲載された論文は, 論文執筆者であっても無断で複製, 転載することはできない。
10. 原稿の別紙には, 邦文および欧文による氏名, 所属, 題名, キーワード, 連絡先の郵便番号・住所・電話番号・メールアドレス等を明記する。
11. 原稿には, 冒頭に邦文要旨400字程度, キーワード5個以内, 英文要旨120〜150wordsを記載する。
12. 原稿は, 完成原稿として提出し, 執筆者校正は一回のみとする。
13. 原稿は, Microsoft Wordで作成し, 以下のレイアウトによる。
    ① A4用紙, 縦置き横書き, 46字×37行とし, 上10mm下12mm, 左右16mmの余白とする。
    ② フォントは, MS明朝 (英数字century) 10.5ポイントとする。
    ③ 英字および2桁以上の数字は, 原則として半角とする。
    ④ 内容の配列順は, 表題, 所属, 氏名, キーワード, 本文, 図表 (行取りをして行数明示), (必要に応じて, ※【謝辞】・【特記事項】), 〈注〉と参考文献 (9ポイント), 英文タイトル, 英文表示の所属と氏名, 英文要約, である。それぞれの内容は機関誌の刷り上がりと同じ行取りにする。合計10頁になるが, 11頁目に邦文要約を記載する (刷り上がりの機関誌には掲載されない)。ただし, 投稿者が特定できる情報は機関誌委員会で消去したうえで, 査読者に依頼する。
14. 原稿は, 原則として章・節・項の構成とし, それぞれ「1」, 「1.1」, 「(1)」の表示とする。
15. 図表は, 通し番号で示し, 原稿に直接挿入するか, 別ファイルで作成し本文中に挿入箇所を明示する。
16. 注は, 本文該当箇所に括弧付アラビア数字の通し番号で示し, 本文末にその内容を一括してまとめる。
17. 参考文献は, 日本語文献, 外国語文献の順に本文末に一括してまとめる。原則として, 日本語文献は著者の「五十音順」に, 外国語文献はファミリーネームの「アルファベット順」に列挙する。
18. 参考文献等の表記は, 著者名 (刊行年)「論文名」『書名』出版社の順とする。論文名には「　」を, 書名および雑誌名には『　』を付ける。欧文では書名および雑誌名はイタリックにする。
19. 論文投稿者から「投稿料」として10,000円を徴収する (5千円図書カード2枚を投稿時に同封のこと)。投稿論文掲載決定者からは, 別途「掲載料」として10,000円を徴収する)。掲載決定の通知後1週間以

内に事務局宛に振り込むこと（通知書に同封する振込用紙を使用のこと。振り込み確認後，正式に掲載となる）。論文掲載者には，論文掲載号を3部無償提供し，論文抜き刷りを実費で必要数提供する。

20. 投稿論文の提出先および照会先は，以下の本学会事務局とする。

　　日本マネジメント学会事務局（〒162-0814）東京都新宿区新小川町6-36，（株）山城経営研究所内

　　付則　本規定は2009年6月28日から施行し，
　　　　　　2009年8月30日から改定（13の①について）施行し，
　　　　　　2010年6月25日から改定（13の④，19について）施行する。
　　　　　　2011年7月1日から学会の名称を変更する。

〔補　足〕

原稿は，A4の用紙において，ジャーナルの刷り上がり（これはB5の大きさですが）と同じ組み方（行数，字数，タイトル・ご芳名等の行数）によって，10.5ポイントで，インプット・印刷してください。たとえば，論文タイトルは，刷り上がり1行で収まる場合は1行空き・タイトル1行使用・2行空き・ご所属とご芳名1行・1行空き，また，刷り上がりが2行になる場合はトップ空き行無し・タイトル2行使用・1行空き・ご所属とご芳名1行・1行空きとなります。以上のようにして，頁ごとの完全原稿にして，英文要約を含み10ページ以内は絶対に厳守して下さい。11頁目に，氏名，論題，邦文要約，連絡先等を書いて下さい。

また，図表は刷り上がりと同じ行数と同じ字数を使い，位置も指定すること。

さらに，抜き刷りは最低限30部以上，その料金支払いは30部以上の分に対してです。

「編集後記」にかえて

『経営教育研究』第21巻第1号が刊行されました。今号では、東洋大学で開催された第75回全国研究大会（2017年6月9日〜11日）統一論題「変革時代のマネジメント—IoT・AIのインパクト—」の内容を特集しています。依頼論文は統一論題の報告者やパネリストをご担当された児玉充先生（日本大学）、大東正虎先生（岡山商科大学）、小嶋正稔先生（東洋大学）にお願い致しました。

今号の編集状況ですが、投稿規程を遵守していない論文につきましては、たびたび機関誌や会報でアナウンスしているために、件数的には少なくなりました。ただ、過去に投稿された論文をベースにして作成されたものなど、投稿者の匿名性が担保できないものや、二重投稿の恐れがあるものなども最近目にするようになってきました。『経営教育研究』は学会発行の学術誌でありますので、投稿規程を遵守するとともに研究者倫理に沿って投稿をお願い致します。

毎回、査読者の方々には詳細に論文を読んで頂き、的確なコメントを有難うございます。今号は、今までに比べるととてもスムーズに査読過程が進みました。査読期間は、後期授業と重なっており、とてもお忙しい状況だとは存じますが、スムーズな査読をして頂いたことに感謝しております。

機関誌の刊行につきまして、事務局の武市顕義様には、投稿者・査読者間の郵送作業など、さまざまな調整作業をお願いし、ご負担をおかけしました。いろいろと細かいことまで、有難うございました。また、株式会社 学文社の田中千津子様には、迅速な編集・印刷作業をご協力頂きました。感謝申し上げるとともに、次号も何卒よろしくお願い申し上げます。

日本マネジメント学会　機関誌委員会

委員長　中村　公一

日本マネジメント学会機関誌委員会

委 員 長　中村　公一

委　員　小椋　康宏　　加藤　茂夫
　　　　樋口　弘夫　　松本　芳男

事務局　武市　顕義
〒 162-0814　東京都新宿区新小川町 6-36
　　　　　　S&S ビルディング 3F
　　　　　　（株）山城経営研究所内
　　　　　　TEL：03-6674-1836
　　　　　　FAX：03-5228-1233
　　　　　　E-mail：name@kae-yamashiro.co.jp
　　　　　　http://nippon-management.jp/

経営教育研究 Vol.21　No.1　 ― 変革時代のマネジメント－IoT・AI のインパクト―

2018 年 1 月 31 日発行

編集・発行　日本マネジメント学会機関誌委員会
発売　株式会社学 文 社
〒 153-0064　東京都目黒区下目黒 3-6-1
Tel. 03-3715-1501　Fax. 03-3715-2012
http://www.gakubunsha.com

ISBN 978-4-7620-2767-3

© 2018 Nippon Academy of Management　　Printed in Japan

日本マネジメント学会
（旧称：日本経営教育学会）編

経営教育研究

1 大競争時代の日本の経営
日本経営の諸問題を，実務家を交え多岐にわたり論考。
A5判　159頁　本体価格2000円　　978-4-7620-0803-0　C3334

2 日本企業の多様化する経営課題
産学一体で経営学を実践学の見地から，今般の日本企業の課題にあたる。
A5判　172頁　本体価格2000円　　978-4-7620-0860-3　C3334

3 21世紀の経営教育
21世紀をにらんだ多角的経営教育論集。
A5判　174頁　本体価格2000円　　978-4-7620-0935-8　C3334

4 経営の新課題と人材育成
真の意味での実践経営学，経営教育のため，経営者・経営学者の分け隔てなく粋を集めた。
A5判　182頁　本体価格2000円　　978-4-7620-1044-6　C3334

5 新企業体制と経営者育成
「経営技能の特性を前提としたケース・メソッド」ほか10編を収録。
A5判　208頁　本体価格2000円　　978-4-7620-1120-8　C3334

6 経営実践と経営教育理論
「経営者育成に関する経営学的考察─企業価値創造との関連で─」ほか8編。
A5判　208頁　本体価格2000円　　978-4-7620-1194-7　C3334

7 企業経営のフロンティア
新しくかつ多様な課題を抱えている現代の企業経営。変革期における課題を見すえた論文集。
A5判　180頁　本体価格2000円　　978-4-7620-1305-1　C3334

8 MOTと21世紀の経営課題
注目されるMOT（技術経営）に関する論文集。
A5判　320頁　本体価格2850円　　978-4-7620-1386-7　C3334

9 経営教育と経営の新課題
拡大するビジネスマネジメントとその教育を多様なテーマから論じる。
A5判　232頁　本体価格2300円　　978-4-7620-1528-1　C3334

10 経営教育の新機軸
経営教育という視点から企業のあり方を見直す。ほか9編。
A5判　192頁　本体価格2300円　　978-4-7620-1682-0　C3334

日本マネジメント学会
（旧称：日本経営教育学会）編

経営教育研究

経営教育研究 vol. 11-No. 1
特集：プロフェッショナリズムと経営教育
B5判　112頁　本体価格2000円　　978-4-7620-1760-5　C3334

経営教育研究 vol. 11-No. 2
特集：地域発信の企業経営と経営教育
B5判　152頁　本体価格2000円　　978-4-7620-1853-4　C3334

経営教育研究 vol. 12-No. 1
特集：次世代経営者の育成と経営教育
B5判　88頁　本体価格2000円　　978-4-7620-1900-5　C3334

経営教育研究 vol. 12-No. 2
特集：企業経営のグッドプラクティスと経営教育：企業経営の正道を求めて
B5判　130頁　本体価格2000円　　978-4-7620-1973-9　C3334

経営教育研究 vol. 13-No. 1
特集：日本企業の経営実践と経営教育
B5判　82頁　本体価格2000円　　978-4-7620-2012-4　C3334

経営教育研究 vol. 13-No. 2
特集：日本型経営の新しいモデルを求めて
B5判　90頁　本体価格2000円　　978-4-7620-2096-4　C3334

経営教育研究 vol. 14-No. 1
特集：日本の中小企業の発展と課題
B5判　104頁　本体価格2000円　　978-4-7620-2135-0　C3334

経営教育研究 vol. 14-No. 2
特集：長寿企業の経営とその今日的意義 - 伝統と革新
B5判　80頁　本体価格2000円　　978-4-7620-2189-3　C3334

経営教育研究 vol. 15-No. 1
特集：経営の原点を探る―智慧興しの技
B5判　80頁　本体価格2000円　　978-4-7620-2246-3　C3334

日本マネジメント学会
（旧称：日本経営教育学会）編

経営教育研究

経営教育研究 vol. 15-No. 2
特集：クライシス・マネジメントを考える―いまなにが求められているか―
B5判　66頁　本体価格2000円　　978-4-7620-2297-5　C3334

経営教育研究 vol. 16-No. 1
特集：ビジネスモデルのパラダイム・シフト
B5判　82頁　本体価格2000円　　978-4-7620-2339-2　C3334

経営教育研究 vol. 16-No. 2
特集：地域産業の発展と後継者育成マネジメント
B5判　84頁　本体価格2000円　　978-4-7620-2391-0　C3334

経営教育研究 vol. 17-No. 1
特集：企業による地域経営圏の構築
B5判　84頁　本体価格2000円　　978-4-7620-2427-6　C3334

経営教育研究 vol. 17-No. 2
特集：地域における企業家とマネジメント
B5判　72頁　本体価格2000円　　978-4-7620-2468-9　C3334

経営教育研究 vol. 18-No. 1
特集：日本の新しい成長産業とマネジメント革新
B5判　80頁　本体価格2000円　　978-4-7620-2508-2　C3334

経営教育研究 vol. 19-No. 2
特集：産学連携のマネジメント
B5判　64頁　本体価格2000円　　978-4-7620-2660-7　C3334

経営教育研究 vol.20-No. 1
特集：企業変革と戦略マネジメント
B5判　106頁　本体価格2000円　　978-4-7620-2692-8　C3034

経営教育研究 vol.20-No. 2
特集：地域創生のマネジメント
B5判　56頁　本体価格2000円　　978-4-7620-2731-4　C3334